Luiz Simões Lopes
fragmentos de memória

Copyright ©
Centro de Pesquisa e Documentação de História Contemporânea do Brasil — CPDOC/FGV

Direitos desta edição reservados à
EDITORA FGV
Praia de Botafogo, 190 — 14º andar
22250-900 — Rio de Janeiro, RJ — Brasil
Tels.: 0800-21-7777 — 21-2559-5543 . Fax: 21-2559-5532
e-mail: editora@fgv.br . web site: www.editora.fgv.br
Impresso no Brasil / Printed in Brazil

Todos os direitos reservados. A reprodução não autorizada desta publicação, no todo ou em parte, constitui violação do copyright (Lei nº 9.610/98).
Os conceitos emitidos neste livro são de inteira responsabilidade dos autores.
1ª edição — 2006

Organizadora *Suely Braga da Silva*
Revisão de texto *Dora Rocha*
Capa e projeto gráfico *Moema Mariani*
Tratamento de imagens *Marcus Handofsky*
Estagiárias *Andrea Ribeiro e Roberta Zanatta*

L953
Luiz Simões Lopes: fragmentos de memória / Suely Braga da Silva, organizadora.- Rio de Janeiro: Editora FGV, 2006.
148p.il.

1.Lopes, Luiz Simões, 1903-1994. I. Silva, Suely Braga da. II. Centro de Pesquisa e Documentação de História Contemporânea do Brasil.

ISBN: 85-225-0587-X
ISBN: 978-85-225-0587-6
CDD: 923.581
CDU: 82-94

Ficha catalográfica elaborada pela Biblioteca Mario Henrique Simonsen/FGV

Luiz Simões Lopes
fragmentos de memória

ORGANIZADORA
Suely Braga da Silva

SUMÁRIO

Apresentação 7
Prefácio 15

O PRIVILÉGIO DE SER GAÚCHO 23
Os Simões Lopes 24
O Paraíso Perdido: lembranças da Estância da Graça 31
Regresso ao "berço da família" 37

AMOR À NATUREZA 45
Primeiros estudos 46
O curso de agronomia 48
No Ministério da Agricultura 54

POLÍTICA: TRAGÉDIA E REVOLUÇÃO 61
A Aliança Liberal e o despertar para a política 63
Em defesa de meu pai 65
A Revolução de 1930 70
Oficial-de-gabinete do presidente Vargas 74
A Intentona Integralista 79

PAIXÃO PELA ADMINISTRAÇÃO 85
A administração pública brasileira antes do DASP 88
A administração pública brasileira a partir do DASP 95
A jurisprudência do DASP 101
"O senhor não pediu e fez muito bem em não pedir" 108
Administração: burocracia, tecnocracia e credibilidade 113
Bibliotecas e arquivos 116

FUNDAÇÃO GETULIO VARGAS 119
Fundação Getulio Vargas: concretização de um ideal 122

Luiz e Regina Simões Lopes com os filhos por ocasião do batizado do caçula, Luiz Antônio. Luiz Eduardo (em pé), Luiz Ildefonso e Regina Clara. 1958

APRESENTAÇÃO

Luiz Simões Lopes – fragmentos de memória foi produzido pelo Centro de Pesquisa e Documentação de História Contemporânea do Brasil da Fundação Getulio Vargas em homenagem àquele que há 62 anos criou a FGV e há 33 acolheu em sua estrutura um centro de pesquisa e documentação histórica, o CPDOC. Mais uma vez, o fundador da FGV colocava-se em posição de pioneirismo ao abrigar uma instituição de memória destinada a promover pesquisa e a constituir um acervo de arquivos pessoais relevantes para a historiografia política do Brasil contemporâneo. Até então, o acesso a essas importantes fontes primárias era condicionado, com honrosas exceções, ao humor de seus proprietários. Fontes de pesquisa integram o patrimônio cultural de uma nação e devem, por isso, ser disponibilizadas como um bem público.

Luiz Simões Lopes – o Dr. Simões, como nós da Fundação o chamávamos – dedicou muito de sua vida a causas que permitissem ao país a consolidação de uma burocracia de Estado eficiente. A constituição de um serviço público eficaz, com a adoção do sistema de mérito e a busca dos meios para a qualificação funcional de seus membros, foi um objetivo sempre perseguido por ele como fundador e presidente, primeiramente, do Departamento Administrativo do Serviço Público, o DASP, e a partir de 1944, da Fundação Getulio Vargas. Para ele, o país necessitava de instituições – públicas ou privadas – capazes de responder aos enormes desafios da realidade brasileira. Só poderia crescer através de uma revolução que elevasse a administração pública a patamares semelhantes aos dos países desenvolvidos. Dizia ele: "O Brasil um dia há de ser alguma coisa nesse mundo, e para isso é preciso preparar gente. Sem gente competente não se faz nada". Foi essa crença, aliada à desconfiança que nutria em relação ao mundo da política, que o levou a propor ao presidente Vargas – de quem se fez amigo desde os primeiros passos na vida pública – a criação de uma instituição capaz de resistir às inevitáveis intempéries do jogo político. Assim nasceu aquela que se tornaria a maior fundação de direito privado, sem fins lucrativos, produtora de bens públicos do país.

Quanto ao CPDOC, em pouco mais de três décadas, constituiu o maior e mais importante acervo de documentos privados pessoais hoje disponível para a pesquisa no país. São aproximadamente 200 arquivos de personagens que tiveram atuação no cenário nacional pós-1930 – presidentes da República, ministros de Estado, senadores, deputados e formuladores de políticas públicas –, totalizando mais de 1,5 milhão de documentos. Um desses arquivos é o do próprio Dr. Simões, doado por sua família após sua morte, ocorrida em 1994. Lá estão milhares de documentos,[1] entre manuscritos, fotos, discos, filmes e impressos, que revelam muito a respeito de seu titular no desempenho de diferentes papéis ao longo da vida, na esfera pública e na vida privada. Foi exatamente um desses documentos que nos chamou a atenção durante o processo de organização do arquivo. Intitulava-se "Lembranças para os meus filhos". E era mais interessante, ainda, porque sabíamos que no arquivo de seu pai, Ildefonso Simões Lopes – também pertencente ao acervo CPDOC –, existe documento similar, na intenção de legar aos filhos a missão de perpetuar determinadas memórias. Em "Aos meus queridos filhos, a maior dor", de coração aberto, Ildefonso inicia um sofrido relato motivado pela perda prematura da esposa, afirmando querer que "fiquem estas palavras para todo o sempre, como eternas e infinitas são as saudades que as inspiram...".

"Lembranças para os meus filhos" é uma coletânea de textos produzidos por Simões Lopes ao longo de vários anos.[2] Analisando-se seu conteúdo, é possível perceber que muitos datam do período entre 1977 e 1982, como deixa claro logo no primeiro texto:

> Por várias vezes tenho escrito breves mensagens aos meus filhos, pensando que posso desaparecer subitamente e que nossas conversas pessoais, tão agradáveis, não deveriam ser perturbadas por observações que possam entristecê-los. Agora, aos 77 anos,[3] idade já avançada para os Simões Lopes, sinto desejo de falar-lhes sobre essa possibilidade, que, certamente, se aproxima.

Em outro, afirma:

> Meus filhos, desejo deixar algumas notas para vocês sobre minha vida, dos meus pais, da família, já que pouco conversamos a respeito, pelo meu feitio, um tanto fechado, e pelo modo de ser de vocês próprios.

Livre das formalidades impostas pelas ações públicas, e sempre expressando muita honra, orgulho e respeito por seus ancestrais, sua terra natal – o Rio Grande do Sul –, sua família e tudo o que realizou, Luiz Simões Lopes rememora fatos que marcaram sua vida, seja pela alegria e satisfação, seja pelo sofrimento e dor. Belos são, por exemplo, os registros de suas lembranças da infância vivida na Estância da Graça até a morte da mãe, em 1912, quando, com apenas 9 anos de idade, deixou "O Berço da Família" – como seu pai escreveu em poema datado de 1911 – para ingressar em um colégio interno no Rio de Janeiro. É fácil descobrir em muitos dos relatos um profundo sentimento de perda e de saudade da vida na querência. Tão profundo que o impediu por mais de 30 anos de retornar ao seu "paraíso perdido". Em 1946, retornou afinal com sua família, após adquirir dos herdeiros a propriedade da Estância. Entre muitos outros temas tratados, sobressaem o seu interesse pelas questões relacionadas ao meio ambiente – razão pela qual se teria formado engenheiro agrônomo, em 1924, e dedicado por longos anos aos problemas relacionados ao desenvolvimento sustentável da Bacia da Lagoa Mirim, no Rio Grande do Sul – e o permanente empenho em trabalhar em prol da melhoria do serviço público brasileiro.

    Pelas circunstâncias em que o documento "Lembranças para os meus filhos" foi produzido, não há – e é natural que assim seja – preocupação com a forma, percebendo-se repetições de relatos e ausência de informações necessárias à compreensão da narrativa. Selecionamos aqueles trechos que nos pareciam mais finalizados, mas mesmo assim muitas vezes temíamos que nosso trabalho parecesse uma "colcha de retalhos". Dr. Simões era um perfeccionista e não aprovaria a publicação de um trabalho nestas condições. Optamos, então, por utilizar não só os textos das

"Lembranças", mas também duas entrevistas suas ao Programa de História Oral do CPDOC, concedidas a Celina Amaral Peixoto e a Aspásia Camargo entre os anos de 1979 e 1981 e, novamente a Celina, em 1990. Assim, *Luiz Simões Lopes – fragmentos de memória* é o resultado da edição desses três relatos de memórias. Especialmente para o capítulo sobre a Fundação Getulio Vargas, decidimos reproduzir a edição de trechos da segunda entrevista, tal como aparece na publicação comemorativa dos 55 anos da instituição, organizada por Maria Celina D'Araujo.[4]

Procuramos fazer uma edição capaz de permitir uma leitura linear dos textos de Luiz Simões Lopes, e para isso preferimos contextualizá-los por meio de pequenas introduções aos capítulos.[5] A idéia era não alterar a essência das belas e apaixonadas narrativas originais – apaixonadas, pois tudo o que fez, fez com grande entusiasmo e paixão, como deixa registrado em um manuscrito de seu arquivo:

> Meu amor pelo serviço público, pelas causas nacionais, não tinha limites. Qualquer sacrifício de mim exigido seria atendido incontinenti. Eu me achava possuído de um espírito de missão e a mocidade me dava ânimo e forças para enfrentar todas as dificuldades.[6]

Gostaríamos que os leitores recebessem este livro não como uma biografia ou uma autobiografia acabada de Luiz Simões Lopes. Está por ser escrita uma biografia à altura de sua importância e, com certeza, os esparsos registros autobiográficos legados aos filhos não dão conta de todas as dimensões de sua vida. São, sim, fragmentos de memória.

Finalmente, é justo que agradeçamos à Prof.ª Marieta de Moraes Ferreira, diretora do CPDOC na época em que surgiu a idéia de homenagearmos o Dr. Simões através da produção de um livro. Não foi possível sua publicação naquela ocasião mas, mesmo longe da direção, Marieta sempre se empenhou nesse sentido. Agradecemos, também, ao Prof. Gunter Axt, que, ao saber do projeto, não mediu esforços para a sua concretização, indo buscar patrocínio junto ao Banco Regional de Desenvolvimento do Extremo Sul – BRDE, a que muito agradecemos. Registramos ainda o total apoio da família de Luiz Simões Lopes, representada por seu filho Luiz Ildefonso.

Suely Braga da Silva
Pesquisadora do CPDOC/FGV
Dezembro de 2006

NOTAS

[1] O Arquivo Luiz Simões Lopes é constituído por 6.160 documentos textuais, 990 fotos, 29 discos, 6 vídeos e 200 impressos. A consulta, assim como aos demais arquivos, pode ser feita através do Portal CPDOC – www.cpdoc.fgv.br .

[2] Os textos estão datilografados, não havendo no arquivo nenhum original manuscrito.

[3] Luiz Simões Lopes faleceu em 20 de fevereiro de 1994, aos 91 anos de idade.

[4] *Fundação Getulio Vargas: concretização de um ideal.* Org. Maria Celina D'Araujo. Rio de Janeiro: Editora FGV, 1999. 348p. il.

[5] Os pequenos textos biográficos que antecedem cada um dos cinco capítulos do livro foram elaborados a partir do verbete de Luiz Simões Lopes no *DHBB (Dicionário Histórico-Biográfico Pós-30.* Coordenação geral Alzira Alves de Abreu e Israel Beloch. 2.ed. rev. atual. Rio de Janeiro: Editora FGV/CPDOC, 2002.) Apesar de a grande maioria dos documentos iconográficos utilizados no livro pertencer ao Arquivo Luiz Simões Lopes, foram usados, também, documentos de outros arquivos do CPDOC, do Arquivo Central da Fundação Getulio Vargas e do acervo pessoal da família Simões Lopes. A relação das referências encontra-se ao final do livro.

[6] CPDOC/Arquivo Luiz Simões Lopes (LSL pi Lopes, L.S 00.00.00/2).

PREFÁCIO

Honra-me o CPDOC com a missão de apresentar este livro, com textos autobiográficos e fotos do arquivo de Luiz Simões Lopes. Evocar seu nome é resgatar a figura de um brasileiro genuíno e vigoroso, técnico com visão política, homem público com talento empreendedor, semeador de instituições, pioneiro da Administração, formador de educadores, educador de líderes, fundador, presidente e presidente de honra da Fundação Getulio Vargas. Aceitei a missão de bom grado, por fazer parte de toda uma geração que herdou responsabilidades na condução e operação desta instituição que foi criada em 1944 e que hoje, com legítimo orgulho, é patrimônio do povo brasileiro.

Penso, por outro lado, que o convite feito a mim, diretor da EBAPE, Escola Brasileira de Administração Pública e de Empresas, decorreu do fato de esta ser a mais antiga Escola da FGV e ter como foco a missão original para a qual a Fundação foi criada – a introdução da racionalidade na condução da coisa pública. Segundo o próprio Luiz Simões Lopes, a FGV sempre se manteve fiel ao seu objetivo final, e maior, de "aportar uma contribuição à expansão da cultura técnica e científica da Nação".[1] Esse compromisso com a racionalidade e o conhecimento fez da instituição um dos espaços mais inovadores e profícuos para a geração e alimentação de múltiplas instâncias da inteligência brasileira.

Logo no nascimento da FGV criou-se o IBRA, Instituto Brasileiro de Administração, que em 1952 deu lugar à então chamada

Escola Brasileira de Administração Pública (EBAP). O adjetivo "brasileira", e o fato de ter sua criação auspiciada pelas Nações Unidas, determinaram a um só tempo o *ethos* local, nacional e internacional da Escola, correspondente ao caráter do fundador da FGV. Visceralmente ligado à sua Pelotas natal, Luiz Simões Lopes sempre teve também a perspectiva dos problemas nacionais e a referência do que se passava no primeiro mundo, o *benchmarking* dos países desenvolvidos, como a França e os Estados Unidos. Sem se render às inibições castradoras do complexo de inferioridade do subdesenvolvimento, e também sem perder de vista o compromisso com a identidade e o interesse nacionais, era, como mostram os textos que se oferecem ao leitor, um cidadão do mundo, homem de convicções fortes e sentido estratégico de missão.

Muitos são os paradoxos presentes na vida de Luiz Simões Lopes e na conformação de suas decisões e ações, aqui expostas. O Dr. Simões, como carinhosamente, respeitosamente e, às vezes, não sem algum temor, o chamávamos, vinha de família da aristocracia imperial do Sul, embora seu pai logo tenha abraçado a revolução republicana, contra os interesses conservadores consolidados entre os estancieiros. Filho de político e formado em agronomia, ingressou na vida pública pelas mãos do apadrinhamento, mas manteve-se sempre reticente em relação à classe política, o que não escondia dos colaboradores mais próximos, e publicamente contrário ao nepotismo.

Peça fundamental da engrenagem do governo Vargas desde a Revolução de 30, e detentor de uma fortíssima noção de poder e autoridade, sempre adotou, na FGV, graus elevadíssimos de tolerância política e ideológica, mesmo nos piores momentos do regime autoritário de 64. A despeito de suas noções de hierarquia e função, ou, talvez, exatamente pela sofisticação da visão que tinha desses conceitos, não temia o talento e o brilho de seus subordinados e colegas. Trazia para povoar as escolas e institutos da FGV os homens e mulheres (eu disse mulheres) mais preparados, estimulando-os a fabricar outros novos talentos. Entre eles, navegava com maestria, estabelecendo uma convivência forjada no respeito mútuo. Tinha plena consciência de que os profissionais do conhecimento eram a alma da Casa. Nesse clima, a autoridade lastreada no saber tinha força, somando-se, por atração natural, à autoridade hierárquica.

Amante do mundo rural, por vivência e formação, projetou-se no mundo urbano da industrialização e dos serviços, dedicando-se de modo pioneiro à formação dos quadros técnicos e gerenciais necessários à modernização do país, além de colaborar, como conselheiro, na governança de grandes empresas nacionais e multinacionais.

Fiel aos valores da propriedade privada e da livre iniciativa empresarial como fatores insubstituíveis de desenvolvimento, compreendeu como poucos a importância de um setor público eficaz, eficiente e ético e contribuiu para a promoção de seus objetivos e condutas, como condição necessária à viabilização de uma grande e próspera nação.

Embora tenha se firmado profissionalmente num regime autoritário, era legalista e conformado às normas e critérios técnicos. Entretanto, como educador inovador, insurgiu-se contra a mesmice oficial,

> criando condições para o advento de, pelo menos, cinco novas categorias profissionais no Brasil: economistas, administradores

públicos, administradores de empresa, psicólogos e contadores de alto nível.[2]

Neste exato momento em que nos encontramos, transpassado o portal do século XXI, ainda sob regras e mecanismos de avaliação restritivos à inovação, ligados a interesses corporativistas estabelecidos e a reservas de mercado, que tenho combatido na esfera da educação superior na área da Administração, convém retomar em novas bases, na minha modesta opinião, a ousadia "simoniana", que se caracterizou por assumir,

> deliberadamente, o ônus e os riscos de criar e manter, *ao arrepio* (meu grifo) das práticas e opções educacionais do País, escolas e centros que já formaram, treinaram ou aperfeiçoaram mais de cinco mil administradores públicos, mais de três mil administradores de empresas, centenas de economistas, psicólogos etc.[3]

Ao tentar definir Luiz Simões Lopes, sempre se corre o risco de simplificações. Há uma tendência nacional a classificar os indivíduos, sobretudo os líderes, como conservadores ou revolucionários, como promotores de mudanças ou guardiões da estabilidade e da ordem. Mas os líderes mais efetivos não se deixam aprisionar por essa dicotomia redutora.

Como estar no mundo, entendê-lo e agir sobre ele, perguntam os sociólogos, equilibrando-se numa corda bamba que vai da "ordem" à "mudança"? Nesta arte, Simões Lopes foi original, porque não contemporizava com a média, deixando-se ficar num meio-termo insosso, morno, amorfo. De certa forma, foi um radical duplamente polarizado nos dois sonhos que lhe forneciam energia vital: a ordem e a inovação, uma garantindo a outra. Inspirava, abria espaço, estimulava o novo e apoiava decididamente as mudanças, delegando as operações especializadas para os seus duques de guerra inovadores. Entretanto, preocupava-se constantemente e agia diligentemente para assegurar a ordem sistêmica, alicerçada na doutrina "daspiana", fruto de outra instituição por ele criada, o DASP, Departamento Administrativo do Serviço Público. Já observei alhures que:

> O Estado Novo (1937-45), resultante dos ideais do movimento tenentista de 1922 e da Revolução de 1930, plantou no Dasp suas bases de sustentação do poder federal, contraposto ao poder conservador fragmentado das oligarquias rurais exportadoras, característico da Primeira República. Instrumento de exercício de um poder central autoritário, embora comprometido com um projeto desenvolvimentista, o todo-poderoso Dasp serviu ao Estado, exercendo o controle da organização e métodos, do orçamento público, da gestão do pessoal e das compras governamentais, sob a égide do valor da racionalidade administrativa, transformada em instrumento de poder.[4]

A doutrina do DASP foi buscar seus fundamentos nos clássicos da Administração Pública vista como disciplina científica e campo profissional específico, sujeita a uma disjunção da política (Woodrow Wilson),[5] à teoria do Departamento de Administração Geral (Willoughby)[6], aos princípios racionais na gestão das funções administrativas básicas de planejamento, organização, designação do pessoal, direção, controle, coordenação e orçamentação (Gulick e Urwick)[7]. Igualmente importantes foram as leituras administrativistas posteriores das traduções, para o espanhol e o inglês, da descrição do modelo burocrático de Weber. A absorção dessas idéias e princípios, no entanto, não foi feita sem redução sociológica, sem considerar as peculiaridades do contexto brasileiro, o que explica a adoção da Teoria do Departamento de Administração Geral na concepção do DASP, a despeito de sua rejeição em seu próprio berço, os Estados Unidos.

Daí a atualidade de muitas das temáticas levantadas por Simões Lopes no DASP, conforme se pôde sublinhar em alguns dos painéis e das conclusões do XI Congresso Internacional do CLAD (Conselho Latino-Americano de Administração para o Desenvolvimento) sobre a Reforma do Estado e da Administração Pública, recém-realizado na Guatemala – inovações jurídicas para a Reforma do Estado e da Administração Pública, profissionalização da função pública, planificação, orçamentação e avaliação por resultados. Modificam-se as crenças, as teorias, as abordagens, as técnicas. Permanecem os temas fundamentais ainda não superados, concomitantemente aos novos temas que se apresentam, como o desenvolvimento sustentável, antecipado por Simões Lopes em seus esforços ambientalistas florestais e hídricos.

Essa mesma lógica ou dialética está presente no modelo institucional da Fundação Getulio Vargas, conforme explicitamente indicado nestas memórias de seu fundador. A FGV firmou-se como a mais duradoura, sólida e prestigiosa instituição sem fins lucrativos do país. Em pouco mais de 60 anos, soube enfrentar todos os desafios, apoiada em inovação e estabilidade, equilibrada entre tradição e modernidade, inflexão e conservação. Gerada no ventre do Estado, desde o nascedouro fez-se instituição privada. Esgotado o antigo modelo de financiamento com recursos públicos, coincidente com o crepúsculo de seu fundador, logo soube reestruturar-se e colocar, ao lado dos bens públicos que oferece com excelência máxima à sociedade brasileira, os produtos de qualidade de que o mercado necessita e que remunera adequadamente. A FGV é, acima de todas as outras, a primeira instituição pública não-estatal do Brasil. Isso se deve ao legado de Luiz Simões Lopes, que Jorge Oscar de Mello Flôres soube conservar criativamente, e hoje Carlos Ivan Simonsen Leal se empenha em renovar e adaptar aos novos tempos. É o legado que esperamos que cada um de nós mesmos e nossas lideranças político-administrativas, empresariais e sociais possamos fazer avançar, para um Brasil melhor.

Bianor Scelza Cavalcanti
Diretor da EBAPE/FGV
Dezembro de 2006

NOTAS

[1] Conferência na Escola Superior de Guerra, 1969.
[2] FGV, *Síntese histórica*, 1970.
[3] Idem.
[4] Bianor Cavalcanti, *O gerente equalizador: estratégias de gestão no setor público*. Rio de Janeiro: Editora FGV, 2005.
[5] Woodrow Wilson, The Study of Administration. *Political Science Quarterly*, v. 2, n. 1, june 1887. In: Jay M. Shafritz e C. Albert Hyde. *Classics of Public Administration*. Illinois: Moore 1978.
[6] W. F. Willoughby, *Principles of Public Administration*. Washington: Brookings Institutions, 1927, e *The Government of Modern States*, New York/London: D. Appletor Century, 1936.
[7] L. Gulick e L. Urwick (eds.). *Papers on the Science of Administration*. New York: Institute for Public Administration, 1937.

O PRIVILÉGIO DE SER GAÚCHO

Em 1903, há pouco mais de cem anos, portanto, nascia Luiz Simões Lopes, o mais moço dos oito filhos de Clara e Ildefonso Simões Lopes. A família era tradicional no Rio Grande do Sul, ligada à terra e à política. Seu avô, João Simões Lopes Filho, titular do Império, era estancieiro e foi presidente da província do Rio Grande do Sul em 1871. Seu pai foi deputado federal de 1906 a 1908 e de 1913 a 1919, ministro da Agricultura de 1919 a 1922, no governo Epitácio Pessoa, e novamente deputado de 1922 até 1930; foi também presidente da Sociedade Nacional de Agricultura de 1926 a 1931. Seu tio Augusto Simões Lopes foi deputado à Constituinte de 1934 e senador de 1935 a 1937. O primo João Simões Lopes Neto foi escritor conhecido, autor entre outras obras de Contos gauchescos e Lendas do Sul.

Apesar de ter vivido a maior parte de sua vida no Rio de Janeiro, Luiz Simões Lopes sempre cultivou a identidade gaúcha. Mais que tudo, marcou-o a estância onde viveu, dos cinco aos nove anos de idade, a vida das crianças da campanha. Foram tempos de felicidade encerrados pela morte prematura de sua mãe. O Rio de Janeiro passou desde então a ser o lugar de moradia, e o Rio Grande, o lugar das férias escolares, ansiosamente aguardadas. Já homem feito, pôde recuperar a querência da infância, empenhado em transmitir a seus descendentes o amor pela terra dos ancestrais.

OS SIMÕES LOPES

Nasci a 2 de junho de 1903, em Pelotas, na rua 15 de Novembro, em casa construída por meu pai, depois derrubada para dar lugar a um novo prédio. Sempre me orgulhei de minha cidade e do povo rio-grandense, ao qual me sinto intimamente ligado, apesar de ter vivido a minha vida longe da querência. Desde menino sou um apaixonado por Pelotas e tenho grande orgulho de ter nascido no Rio Grande do Sul. Ser gaúcho, para mim, é um privilégio.

Nunca esquecerei como eram agradáveis as minhas chegadas a Pelotas e como eram tristes as minhas partidas, terminadas as férias, já que desde pequeno passei a morar no Rio. E ainda hoje,[1] já tão velho, é com emoção que vejo, do avião, os campos do Rio Grande – aquelas paisagens queridas. A brancura dos maricás em flor, o escarlate das corticeiras tão simples, e até o aroma fugidio das carquejas humildes, me tocam o coração. Já me confessei, muitas vezes, um enamorado da querência.

Meu pai, Ildefonso Simões Lopes, filho de João Simões Lopes (filho) e Zeferina da Luz Lopes, Barões e depois Viscondes da Graça, cuja formatura coincidiu com a proclamação da República, para a qual colaborou, pois era então presidente do Clube Republicano da Escola Politécnica e presidente do Clube Republicano Rio-Grandense, preferiu exercer sua profissão de engenheiro, apesar de Deodoro, presidente da República, ter sido padrinho do seu casamento, o que lhe permitiria obter bom emprego público, quando tão escassos eram os republicanos que deveriam servir ao novo regime.

Logo casado com minha mãe, Clara de Sampaio, filha do conselheiro e ministro do Supremo Tribunal Luiz José de Sampaio, trabalhou durante anos na construção de estradas de ferro em Minas, São Paulo e Estado do Rio. Em Petrópolis, quando já tinha o Álvaro, faleceu, com meses, seu filho chamado Ildefonso. Regressando a Pelotas, dirigiu a Hidráulica Pelotense, então empresa privada, da qual o Visconde da Graça era o principal acionista. Na sede da Hidráulica, fora da cidade, viveu e perdeu sua filha Nair, aos sete anos de idade, de tuberculose.[2] Foi, depois, deputado estadual e federal pelo seu estado natal. Ingressou na política solicitado pelo Partido Republicano, para substituir seu irmão, Ismael Simões Lopes, jornalista, comandante de tropas na Revolução de 1893 e deputado estadual.

Fachada da casa onde Luiz Simões Lopes nasceu. Pelotas - RS

Em Pelotas passei uma parte da minha infância, acompanhando meu pai em suas estadas no Rio depois de sua eleição para deputado federal. Posteriormente, tendo ele renunciado à cadeira de parlamentar e formado a sociedade Simões Lopes & Irmãos, com os tios Maneca e João, para iniciarem a plantação de arroz, fomos todos morar na Estância da Graça. Meu pai dirigia a firma, dedicando-se à cultura do arroz, de que foi pioneiro, com grande entusiasmo e com aquela competência que caracterizava sua pessoa e seu modo de proceder. A Estância da Graça era, então, de propriedade de sua mãe, a Viscondessa da Graça, e lá residimos até 1912, quando faleceu minha mãe. Meu pai, ante tão grande desgosto, voltou ao Rio, como deputado federal, em 1913.

Clara Simões Lopes e Ildefonso Simões Lopes, pais de Luiz Simões Lopes.

Minha mãe, a Clarinha, como meu pai a chamava, foi pessoa encantadora e boníssima. Todos que a conheceram desde que chegou a Pelotas diziam que era uma moça magrinha, mas de rara beleza. A recordação que guardo dela, que faleceu aos 37 anos, é de uma bonita senhora, que teve oito filhos, já amatronada, queridíssima dos filhos e de todos, cunhados, cunhadas, sobrinhos e primos. Nossa numerosa família – meu avô paterno teve 22 filhos! – era unânime na grande estima que tinha pela "Clarinha do Fonseca";[3] porque havia também outra maravilhosa pessoa, que era a "Clarinha do Maneca", nossa querida tia Clarinha, que foi uma segunda mãe para nós, especialmente após a morte da nossa mãe.

Com o seu novo casamento, com Serafina Corrêa, viúva do Dr. Vespasiano Corrêa, meu pai montou sua casa no Rio de Janeiro, mas ia anualmente, com todos, passar as férias em Pelotas. Geralmente, repartíamos nossa estada entre a chácara do tio Maneca, no Areal, e a Serra dos Tapes, do tio Augusto, na casa construída pelo Visconde da Graça, onde esteve a Princesa Isabel com sua família. Até 1923, quando faleceu minha avó, também freqüentávamos muito a casa dela na cidade. O chalé ao lado da casa, de propriedade da Viscondessa, tinha sido nossa casa na cidade quando morávamos na Graça.

Na imensa desdita em que me vi engolfado desde o fatídico dia da morte de minha mãe, em 26 de março de 1912, meu único consolo eram a extrema bondade de meu pai e de todos os meus, e a esperança de regresso a Pelotas, nas férias. Mas não voltamos à Graça, e eu nunca me conformei, nem com a orfandade, nem com o meu afastamento daquele chão querido, cuja lembrança sempre me acompanhou pela vida afora. Pareceu-me sempre injusto ver, tão criança, desaparecer aquele ente extraordinário que nos deixou sem uma queixa, olhando-nos até o fim com seu olhar bondoso, com tristeza e resignação. Fui um menino triste e arrastei pela existência uma tristeza indefinível, de inconformismo.

Viscondessa da Graça (ao centro) e seus filhos, na Estância da Graça: Ildefonso, Manoel, João, Augusto (em pé); Arminda e Justiniano (sentados). Maio de 1923

Ildefonso Simões Lopes com Serafina Vieira de Castro, segunda esposa, os filhos Moema, Álvaro, Maritana, Clarita, Ildefonso, Luiz Simões Lopes e o enteado Luiz Vespasiano Correa.

A mudança que se operou em minha vida foi difícil de suportar. Último filho de uma família feliz, perdida minha boníssima mãe, me vi transplantado do campo, que eu tanto amava, para um colégio interno, onde se falava principalmente o inglês, que eu não entendia. Menino de nove anos, órfão, fora do seu meio e longe dos seus, me sentia profundamente infeliz. A Estância da Graça, com seus encantos, meus pais, minha família, meus cavalos, meus cachorros, minha liberdade... Era o meu Paraíso Perdido.

NOTAS

[1] O texto é de 1977. Simões Lopes tinha 74 anos de idade.

[2] Além de Álvaro, falecido em 1979, Ildefonso, falecido com meses de idade em Petrópolis, e Nair, falecida aos sete anos em Pelotas, Luiz Simões Lopes teve outro irmão Ildefonso, falecido em 1940 no Rio de Janeiro, e as irmãs Clara, casada com Max Cohen, Maritana, casada com o engenheiro Geraldo Sampaio e falecida no Rio de Janeiro em 6 de setembro de 1975, e Moema, casada com o advogado José Junqueira Ferreira da Silva e falecida no Rio de Janeiro em 2 de maio de 1977.

[3] Apelido de Ildefonso Simões Lopes.

O PARAÍSO PERDIDO:
LEMBRANÇAS DA ESTÂNCIA DA GRAÇA

A Graça, sonho da minha infância, cuja falta tanto senti, marcou minha vida inteira. Por isso para lá voltei, já maduro, em busca da felicidade perdida, sabendo, contudo, o quanto era enganadora essa miragem, e que o passado não volta. Isso era o que queria dizer, naqueles tempos distantes, nossa velha e romântica tia Eufrázia Simões Lopes Baptista, citando alguém: "A mocidade é veloz e o tempo não descansa". Não descansa mesmo, sepultando nossas mais caras lembranças se não reagirmos contra ele.

Ainda hoje, quando piso a soleira da nossa velha casa, "o berço da família", como a chamou meu pai em seus belos versos, uma grande emoção me domina, mesclada de recolhimento e de íntima felicidade, pensando nos muitos que, antes de mim, por ali passaram, viveram e sofreram. E se estou com minha mulher, meus filhos, minhas noras, meus netos, então olho o destino com sobranceria, certo de que a Graça é indestrutível e eterna e de que nem a minha morte de lá apagará nossa lembrança, nosso nome. Sempre há de haver um Simões Lopes que há de querê-la e amá-la, e a velha marca do Comendador[1] continuará a marcar as tropas e as manadas que cruzam aqueles campos chatos e queridos.

Vejo-me muito pequeno, dormindo em caminha aos pés da cama de ferro dos meus pais (que é hoje a minha) no mirante, cuidado por uma empregadinha de origem alemã, que se chamava

Carolina, creio. Nossa vida era a das crianças da campanha daquela época. Meu pai, homem disciplinado e disciplinador, levantava-se antes do sol nascer, fazia a barba à luz de lampiões belgas, acordava a todos, inclusive a mim que, sendo o mais moço, dormia no quarto dele, e nos reunia no seu escritório, defronte à mangueira[2] de tijolos, onde os peões, como dizíamos, tiravam leite. Bebíamos leite cru, quente ainda, às vezes com gotas de conhaque, nas manhãs geladas dos nossos invernos. Começava, então, a lida da estância.

Depois do café, meu pai montava a cavalo e seguia para ver e tomar parte nos serviços, muitas vezes fazendo exercícios em

Crianças da família Simões Lopes brincando na Estância da Graça.

frente da casa, acompanhado por nós, inclusive por minhas irmãs, que montavam de lado, em arreios de mulher. Eu, geralmente, ia montado em um petiço, como faziam os guris da campanha no meu tempo. Ou então andávamos no campo, de pés descalços (processo Kneipp, ouvia eu dizer). Mas mamãe tinha um imenso desvelo conosco. Não queria que comêssemos laranjas frias no inverno; mandava passá-las ligeiramente no forno. Quando tínhamos tosse, fazia, entre outras coisas, xarope de banana do mato com açúcar. Naquele tempo eram comuns os remédios caseiros, as ervas e também as receitas, pois não havia quase os prontos, as cápsulas, que dominam hoje.

Churrasco na Estância da Graça. 22 de junho de 1906

A Graça me parecia um paraíso. Eram 3.600 braças[3] de campo, mais 1.500 onde trabalhava tio Justiniano. Além do arroz, tudo se plantava. Milho em grande quantidade, para a criação; verduras, abóboras, melancias, melões, frutas, alfafa. Gado de cria e bois de serviço, rebanho de ovelhas para consumo, enorme eguada de onde se tiravam os potros para domar, pôneis, introduzidos pelo tio Justiniano, galinhas, perus, patos, marrecos, rebanho de gansos para tirar penas, grande criação de porcos na beira do arroio.

Mamãe, trabalhadora infatigável, a tudo atendia, auxiliar preciosa do meu pai. Cuidava dos filhos, da casa, das roupas, trabalhava em lã e penas de ganso para acolchoados e travesseiros. Doceira exímia, fazia enormes tachadas de doce durante o verão para todo o ano. Pessegada, figada, passas de pêssego, marmelada e marmeladinhas brancas, geléias, doce de araçá, inclusive tijolinhos enrolados em papel próprio e enfeitados com figuras coladas ou cobertos de papel prateado. Outra coisa boa eram os origones,[4] de pêssego, que comíamos no inverno, às vezes na sopa. Meu pai ajudava-a, à noite, desenhando as formas e enfeites para as cobertas de lã ou de penas, naquela mesma mesa que cantou em versos e que tanto estimo. Nós, enrolados em ponchos, naquele mesmo sofá de palhinha, que para lá voltou, comigo. Não tínhamos lareiras. Tínhamos estufas de ferro, chamadas salamandras. Nossa sala da frente tinha um bonito lustre de cristal, que não dizia muito com a modéstia da casa. A casa era bem menos confortável do que é hoje, mas éramos muito felizes ali, debaixo das asas protetoras de nossa mãe e do nosso pai, naquela vida simples, sadia, gauchada.

Lembro-me de uma empregada alemã (ou de origem), Berta, creio, que fazia excelentes cucas. Aliás, como disse, tudo se fazia na Graça: manteiga, pão, vários tipos de deliciosos bolinhos. A Graça não era só uma fazenda de arroz. Era uma verdadeira estação experimental, como se vê nos cadernos do meu pai. Pouco se sabia da cultura do arroz, nova entre nós. Por isso, eram experimentadas muitas variedades importadas, como Carolina, Piemonte etc. Meu pai, estudioso, meticuloso, foi quem fabricou e usou pela primeira vez adubo de osso nos arrozais; adotou secadores; com outros, trouxe ao Brasil um grande especialista em arroz da Itália – Novello Novelli, mais tarde diretor de uma famosa estação experimental italiana e que ajudou na vinda de um conhecido organizador de cooperativas naquele país, dando grande impulso à vida rural rio-grandense.

    A verdadeira "revolução" causada pela descoberta de que aquelas terras de Pelotas, cobertas de macega, davam razoavelmente arroz, mudou a face daquelas imensas planícies. Pelotas, capital do charque no Brasil, entrara em grande decadência com o progressivo desaparecimento daquela indústria, substituída, a começar da zona fronteiriça, pelos frigoríficos. O arroz trouxe nova vida a toda a região, e o Brasil, de importador, passou a exportador de arroz. Além disso, aqueles pobres campos de macega dura ("furabucho") foram transformados pela cultura do arroz, e conseqüente adubação e irrigação, em campos bons para a pecuária, posteriormente usados também para plantação de soja e de pastagem.

NOTAS

[1] João Simões Lopes, bisavô de Luiz Simões Lopes.
[2] No Rio Grande do Sul, *mangueira* designa o curral de gado construído junto ao edifício da estância.
[3] Unidade de comprimento equivalente a cerca de 1,80m.
[4] Fatia seca de pêssego, que se come ao natural ou cozida.

REGRESSO AO "BERÇO DA FAMÍLIA"

Passado largo tempo, com o falecimento do meu pai em 1943 e a compra à minha madrasta e aos meus irmãos dos seus quinhões, regressei, com minha mulher Regina, em 1946, para tomar posse da Estância da Graça, que esteve arrendada a terceiros durante longos anos.

Tudo era uma desolação. A casa, quase uma tapera, uma ruína, tal o estado a que tinha chegado. Galpões no chão, os campos vazios, sem arames, sem porteiras. Era como se a nossa querida Graça tivesse sido assolada por furacões durante uma existência. Mas nossa velha casa, assim abandonada, lá estava, de pé, impávida, desafiando o tempo e as borrascas.

Só muito amor nos daria coragem para enfrentar quadro tão desolador e tantas dificuldades, inclusive a falta de recursos abundantes. Animado por minha companheira, resolvi recuperar a Graça e tentar deixá-la aprazível e rentável, para nossos filhos. Não era possível abandonar o bem precioso que nos legaram nossos antepassados. E começou a luta tremenda, ainda hoje (1977) não terminada. São mais de 30 anos de sacrifícios e, ao mesmo tempo, de íntimos prazeres para nós e nossos filhos.

Aqui empregamos boa parcela de tudo quanto conseguimos economizar do meu trabalho no Rio de Janeiro. Compramos mais de 700 hectares vizinhos (parcela da antiga Graça), ficando nossa estância com 2.412ha. Mais ainda, recentemente, compramos no município de Herval do Sul cerca de 500ha de bons campos para criar nossos terneiros machos, dando maior espaço na Graça para nosso gado e nossa lavoura.

    Minha mulher, que tanto me ajudou na orientação e educação da nossa família, sempre teve amor à Graça e me encorajou no prosseguimento do esforço inaudito, até chegarmos ao ponto já alcançado. Culminou, enchendo-me de orgulho e gratidão, ao pintar mais de um milhar de azulejos que ornam a Capela de Nossa Senhora da Graça, com inexcedível dedicação e talento,

Mural de azulejos pintados por Regina Simões Lopes, para o interior da Capela Nossa Senhora da Graça.

se pensarmos que desenhou e pintou tudo sozinha, sem nunca haver estudado pintura, inclusive a bela Nossa Senhora da Graça do fundo da Capela, inspirada nas imagens que conseguimos encontrar em Portugal. Em Lisboa, na Igreja de Nossa Senhora da Graça, onde foi batizado o Comendador João Simões Lopes, que deu o nome à estância, levamos fotógrafos e, subidos em escadas, fotografamos a Santa e mandamos fazer a imagem em madeira, que de lá trouxemos, além da de azulejos que está na parede desta sala. Vivemos, pois, sob a proteção de Nossa Senhora da Graça, madrinha de meu pai.

Estância da Graça. 1940/1945

O BERÇO DA FAMILIA

GRAÇA ! GRAÇA ! Oh ! casa mãe, eu te bendigo !
De geração a geração, tens sido o abrigo
dos sonhos, da dor e da ventura !
O teu ventre é fecundo, a tua brisa é doce,
recamando a collina, d'onde tanta coisa foi-se
sem que se fosse a fé, a saudade e a ternura !

O teu aspecto sobrio, antigo e respeitoso
evoca em mim o delirio, o vôo magestoso
nostalgico gesto de saudade immensa !
Quanta locubração ! Que treva densa, ingrata, impana
a avidez do olhar que verte a lagrima insana,
que na pyra do coração mais se condensa !

Onde está a arena do tradiccional bulicio ?
Onde o curro ? do boi o lugar do sacrificio
e a cancha, em que o sangue vinha a tona ?
Onde os galpões do xarque, da salga e da graxeira,
os alinhados varaes, as pilhas e aquella eira
para seccar o sal moido na tafona ?

Tudo isso tombou das azas do fastigio......
E da casaria enorme e longa mal o vestigio
por sob a relva que verdeja e medra.
Da derrocada que a mão do tempo, traiçoeira,
armou, na testemunha de vista - é a figueira,
aquella do brêto, serena e fria como a pedra...

Ella nasceu de um moirão, a fronde a dilatar-se
aos beijos do sol, o tronco rugoso a irmanar-se
Na vida commum de todos que ella encerra ;
Contemporanea amiga e meiga de meu Pai ;
Lança sobre nós a tua bençam — e vai...
buscando o ceu com a copa e com os pés a terra !

Por todos os lados eu sinto a sua mão potente !
Meu pai era um gigante de vontade ardente
d'aquella geração que já não ha ;
Na cidade, na serra, o traço seu se aponta
na arvore, na pedra, o seu valor remonta,
nas ruinas da Olaria ou nas do Butia.

Como é triste, meu Deus, tocar nas cinzas do passado
e vêr do grande o pequeno, e o nada quasi approximado
Vulcões de amor e de trabalho...
a desprender de seu seio a tenue fumarada
que é como do passaro a ultima revoada
ou o beijo do sol na gotta do orvalho !

Assim será, tambem, a nossa obra inteira !
Um braço de ferro que se torna em cera
na forja no tempo que o reduz ;
Que importa ? ! Se o panorama do passado é triste,
a aurora do futuro é a illusão que assiste
que nos encoraja e nos conduz !

Graça, Março de 1911.

Ildefonso Simões Lopes

"O Berço da Família":
poema de Ildefonso
Simões Lopes. Março
de 1911

Infelizmente, o longo arrendamento da estância fez desaparecerem quase todos os antigos móveis e pertences da Graça, inclusive um belo lustre de cristal da sala. Trouxemos de volta algumas peças, como o velho sofá e a mesa redonda, cantados nos versos de meu pai. Esta pequena escrivaninha onde estou escrevendo, que chegou-me às mãos pela minha prima Tiloca, que herdara do seu pai, meu tio Justiniano Simões Lopes. Nossa cama de

Estância da Graça após ter sido adquirida por Luiz Simões Lopes.

dormir, que pertencera aos meus pais, aqui presente do meu irmão Álvaro. Ainda do Álvaro, o armário que está no quarto ao lado e que, segundo se diz, já era do Comendador. Outro modesto móvel que muito estimo é o guarda-comida da copa, presente da nossa boa amiga "Tia Velha", viúva de João Simões Lopes Neto, meu saudoso primo, príncipe dos escritores gauchescos, nascido na Graça e, já maduro, nosso hóspede por largos períodos, quando aqui moramos com nossos pais. Na parede da sala, há um velho revólver do Visconde (que deve ter sido incrustado de ouro); uma espada com que meu pai participou da Proclamação da República e outra com a qual tomou parte na Revolução de 1930. Há, também, uma ponta de lança farroupilha que me veio do ramo de parentes Almeida, descendentes do grande Domingos José de Almeida, prócer farroupilha. Há, ainda, duas estatuetas de alabastro do pátio interno da casa dos meus avós, depois do meu pai, na cidade. Não têm maior valor artístico, mas têm, para mim, valor estimativo.

Feitas as primeiras obras, para tornar a casa apenas habitável e mais segura, nunca mais paramos. Logo que tivemos recursos, aqui trouxemos um ilustre arquiteto do Rio de Janeiro, Dr. Ângelo Murgel, que fez um grande projeto de reforma, mais tarde completado com o projeto da Capela, que representava, também, um voto nosso por uma grande graça recebida.

Durante estes 30 anos compramos e trouxemos do Rio de Janeiro e de Pelotas objetos para nossa querida casa. O Visconde da Graça era pintor e gostava de arte. Por isso, provavelmente, comprou na Europa dois bonitos chafarizes que doou a Pelotas. Um, está na atual praça Pedro Osório; o outro, no porto.

"Graça! Graça! Oh! Casa Mãe, eu te bendigo", disse meu emotivo pai nos belos versos que conservo na parede da sala da escada, onde estou escrevendo estas linhas. E eu, bendigo meu querido pai; minha avó e meu avô, que escolheram o sugestivo título de Viscondes da Graça, e meu bisavô, Comendador João Simões Lopes, por nos terem conservado este torrão amado, a que me prendem as mais profundas recordações da minha vida, da infância descuidada e feliz, depois ferida da mágoa sem par da perda da minha mãe e do abandono da querência estremecida, naquele longínquo ano de 1912, sempre em minha memória, e que empana, ainda, muitas vezes, meu olhar de lágrimas reprimidas.

GRAÇA ! GRAÇA ! Oh ! casa mãe, eu te bendigo !
De geração a geração, tens sido o abrigo
dos sonhos, da dor e da ventura !
O teu ventre é fecundo, a tua brisa é doce,
recamando a collina, d'onde tanta coisa foi-se
sem que se fosse a fé, a saudade e a ternura !

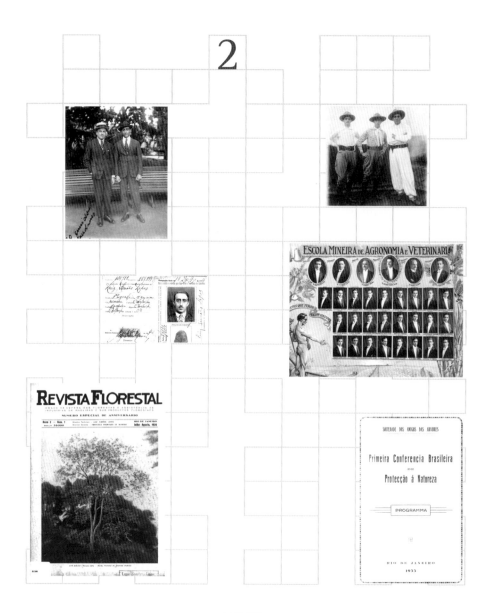

AMOR À NATUREZA

Foi no período em que morou na Estância da Graça que Luiz Simões Lopes aprendeu as primeiras letras. A partir de 1913, com a perda de sua mãe e a mudança de seu pai para o Rio e Janeiro, estudou no Colégio Aldridge e no Liceu Francês. No momento de escolher a carreira, sentiu-se atraído pela agronomia, talvez, como reconhece, por força do amor à terra, alimentado pelas lembranças da infância. O próprio ambiente familiar devia favorecer tal opção: seu irmão mais velho já havia dado o exemplo, e seu pai, na época, era ministro da Agricultura. Assim, em 1921, começou em Piracicaba, São Paulo, o curso de agronomia, que veio a concluir em Belo Horizonte, em 1924. No ano seguinte, por influência de relações de família, obteve seu primeiro emprego: foi trabalhar no Ministério da Agricultura a convite do ministro Miguel Calmon Du Pin e Almeida, que sucedera a seu pai na pasta. Tomou então contato com as questões ligadas à preservação do meio ambiente e com os problemas do funcionalismo público, que o interessariam pelo resto da vida. Permaneceu no Ministério da Agricultura até 1930, quando iniciou nova e importante etapa em sua vida.

PRIMEIROS ESTUDOS

Álvaro, meu irmão mais velho, seguido depois por Ildefonso (Fonsequinha), afastou-se da estância para estudar em Pelotas, Bagé e São Leopoldo. Posteriormente, Álvaro foi estudar agronomia em La Plata, na República Argentina. Minhas irmãs Clara, Maritana e Moema começaram seus estudos internas no Colégio São José, das freiras, em Pelotas, até se transferirem para o Rio, onde cursaram o Colégio Sion. Eu, iniciei as primeiras letras no colégio da D. Olinda. Nossas viagens para a cidade se faziam em carro de cavalos.

Em 1913, portanto aos 9 para 10 anos, fui matriculado no Aldridge College, com meu irmão Fonsequinha. Era um excelente centro educacional e lá aprendi enormemente, sob todos os pontos de vista. Seu fundador, Alfred Aldridge, autor de uma gramática inglesa, trazia grande experiência da Inglaterra. Era homem de boa cultura, de elevada moral e espírito de justiça. Enérgico, a ponto de dar de vara nos meninos, à moda inglesa, era boníssimo e gozava de raro prestígio entre seus alunos.

O Aldridge College – cuja divisa era *Labore et Honore* – era situado em uma bela chácara – a Chácara do Paraíso –, em São Gonçalo, Niterói,[1] com árvores frondosas, algumas de frutas tropicais, como mangas, jacas e muitas outras. Lá viviam nosso diretor Alfred Aldridge, viúvo, com sua bonita filha, solteira, Miss Doris – minha primeira professora de primeiras letras em inglês –, e seu filho Leonard, vice-diretor, com sua simpática e excelente senhora, para nós Mme Aldridge. Belo homem, de altura fora do comum, era um excelente professor de matemática e atleta.

Além dos bons cursos, nos orientavam nos bons modelos da moral e da religião católica, embora fossem protestantes; do esporte, da dignidade pessoal, da coragem e da lealdade. Não admitiam a mentira e aceitavam a palavra dos meninos como verdades incontroversas; às vezes bem discutíveis.

No Aldridge iniciei-me nas letras, inclusive no Grêmio Literário. Ainda menino, fui o orador que saudou Olavo Bilac, então o grande campeão do civismo entre nós, batendo-se pelo serviço militar e tiros de guerra. Em uma festa do colégio, passei grande vergonha ao declamar uma poesia sobre a bandeira, como se fora de Bilac. Ele disse-me: "Luiz, essa poesia é muito bonita, mas não é minha, é do Bispo Dom Aquino Corrêa". Pedi-lhe desculpas, ao que respondeu: "Gostaria que fosse minha, pois é muito bonita".

De Alfred Aldridge ganhei um relógio como prêmio por uma composição literária feita quando menino. Leonard Aldridge me fez presente de um retrato do pai, falecido, com bela dedicatória, que guardo com carinho. Foram meus amigos até sua morte.

NOTA

[1] Posteriormente, o colégio transferiu-se para o Rio de Janeiro, localizando-se na Praia de Botafogo. No início de 1945 a Fundação Getulio Vargas comprou o prédio, incorporando-o ao seu patrimônio.

O CURSO DE AGRONOMIA

Terminada a fase escolar, senti-me atraído pela carreira agronômica, talvez pelas lembranças inesquecíveis da minha meninice na Estância da Graça. Não me arrependo, foi-me muito útil. Conservo até hoje um grande amor à terra. Mas, como a vida levou-me para caminhos tão diferentes!

Assim, no final de 1920, parti, sozinho, para Piracicaba (SP), com o intuito de matricular-me na Escola Agrícola Luiz de Queiroz, considerada, então, a melhor do país, onde saberia encontrar meu companheiro e amigo do Colégio Aldridge, Ruy Mendes Pimentel.

De passagem por São Paulo, visitei meu primo-irmão Eduardo Sampaio Quentel, filho da irmã de minha mãe, tia Mocinha. Em sua casa, conheci sua família, inclusive uma criança – a Regina – que seria, muitos anos depois, minha esposa. Quis o destino que em 1945, eu já com 42 anos e ela com 25, nos casássemos, constituindo uma feliz família.

Chegando a Piracicaba, morei primeiro no Hotel Central e depois em uma república de estudantes gaúchos: Epitácio Santiago, Arthur Magalhães, Manoel Santiago, José Freitas. Ruy Mendes morou lá, depois mudou-se. Fiz os exames vestibulares, fui aprovado com boas notas e em 1921 freqüentava o primeiro ano do curso de agronomia. Excelente escola, bom professorado, extre-

Luiz Simões Lopes e um colega da Escola de Agronomia Luiz de Queiroz. Piracicaba, SP, 19 de abril de 1921

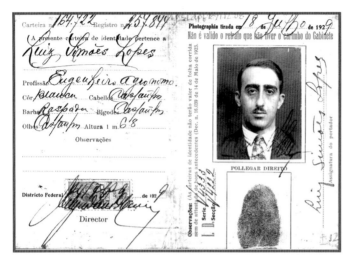

Carteira de engenheiro agrônomo emitida em julho de 1929.

Luiz Simões Lopes com os colegas Ruy Pimentel, à esquerda, e Epitácio Santiago, da Escola de Agronomia Luiz de Queiroz. Piracicaba, SP, 18 de março de 1921

mamente exigente: com dez faltas perdia-se o ano. Não havia dependência nem segunda época, a não ser em casos especiais, autorizados pela Congregação, para os bons alunos. Era necessário nota não inferior a sete, em todas as matérias. Por isso, quando cheguei ao terceiro ano, éramos apenas 13 alunos. Os exames eram semestrais e, se perdido o primeiro semestre, estava perdido o ano, não sendo permitido cursar o mesmo ano mais de três vezes.

Guardo uma grande saudade daquela época passada em Piracicaba. Conhecia a todos, desde o prefeito até o engraxate, tinha ótimas relações com as famílias piracicabanas, e era numerosa a colônia gaúcha. Nossa vida era muito agradável. Estudos, esportes, bailes, namoros, as clássicas brincadeiras de estudantes (roubar galinhas, por exemplo) e brigas, naturalmente também.

No meio estudantil criei bom ambiente. Fui o principal agente do renascimento do Centro Agrícola Luiz de Queiroz, que agremiava professores e alunos e, embora ainda no segundo ano, fui eleito seu presidente. Fiz renascer nossa revista, *O Solo*, havia muito paralisada, e o Centro tornou-se atuante. Como presidente do Centro, era também presidente do Elite Futebol Clube, que chegou a ser um bom time. Não era um bom atleta, mas joguei futebol no Colégio Aldridge (meu time era o "Glasgow") e, em Piracicaba, joguei futebol e tênis.

Em virtude da posição que assumi, tornei-me um líder estudantil, sempre chamado a intervir nos conflitos dos estudantes com a população. Vi-me envolvido em vários incidentes estudantis, inclusive injusta suspensão, mais tarde revogada pelo governo do estado, tão injusta era.

Uma noite, andava na área "conflagrada" da cidade, mal

Formandos da Escola Mineira de Agronomia e Veterinária. (LSL é o último). Belo Horizonte, 1924

iluminada e quase deserta, quando ouvi gritos que partiam de um terreno próximo. Aproximei-me e, mesmo no escuro, vi que era o Jaguaribe, nosso colega da Escola, sendo agredido por um soldado da Polícia Militar de São Paulo. Jaguaribe, como vi depois, estava rasgado e sujo de barro. Entrei na luta com o soldado, em defesa de meu colega. O soldado fugiu e avisou à guarda noturna. Nesse ínterim telefonaram para a minha república comunicando o fato e meus amigos acorreram para me dar apoio. Quando regressávamos para casa, fomos inopinadamente assaltados por cinco guardas noturnos de revólveres e rifles (facões de polícia). Estabeleceu-se o conflito. A polícia nos deu muitos tiros e nós também os tiroteamos.

Fiquei no chão, na chuva que caía, até ser conduzido, em cima de uma porta, para a Santa Casa. Entre a Santa Casa e a minha casa levei cerca de três meses. Com isso, e com a suspensão que eu havia sofrido, perdi o ano por faltas. Como já era final de ano, fui para Pelotas me refazer, e no ano seguinte me transferi para Belo Horizonte.

Em Belo Horizonte, onde consegui me matricular no último ano da escola de agronomia, me diplomei. Essa é a razão pela qual, tendo feito quase todo o curso de Piracicaba, me graduei em Belo Horizonte, onde fiz grandes amizades.

Belo Horizonte era cidade pequena, então. Eu conhecia desde o governador do estado a quase toda a cidade, pois lá encontrei grande número de mineiros meus ex-colegas do Colégio Aldridge, como os filhos de Arthur Bernardes, Afonso Pena Jr., Carvalho de Brito, Vieira Marques, Delfim Moreira, Mendes Pimentel, Magalhães Pinto e vários outros. Através deles, de suas famílias e das amizades de meu pai em Minas, fiz excelente círculo de relações.

NO MINISTÉRIO DA AGRICULTURA

Eu tinha a possibilidade de trabalhar em Minas, a convite do Dr. Manoel Thomaz de Carvalho Brito, deputado federal e industrial, amigo do meu pai, ou no Rio Grande, com o grande plantador de arroz coronel Pedro Osório. Minha tendência era ir para o Sul, porém o ministro da Agricultura do governo Arthur Bernardes, o ilustre brasileiro Dr. Miguel Calmon du Pin e Almeida, casado com minha prima Alice Porciúncula, convidou-me para o Ministério.

Assim ingressei no Ministério da Agricultura, em 1925, como ingressava a maioria dos funcionários de então – sem prestar concurso, sem nenhuma prova de capacidade técnica nem de idoneidade moral. O sistema era o do pistolão, e isto sempre me chocou. Recordo-me de que, ao ser convidado, foram-me oferecidos vários cargos. Como não havia um sistema de carreira definido, eu poderia ter escolhido qualquer um deles. Havia lugares vagos de chefe de serviço, de subchefe e vários outros, com salários diferentes, mas tive o bom-senso de não aceitar esses cargos de responsabilidade, onde eu iria chefiar pessoas muito mais velhas do que eu, muito mais antigas no serviço e, certamente, muito mais experientes. À vista disso, escolhi o cargo mais baixo dentre os que me foram oferecidos, numa estação experimental de plantas forrageiras, criada por meu pai quando foi ministro da Agricultura no governo Epitácio Pessoa. Esta estação era dirigida por um técnico francês que meu pai importara, e localizava-se no bairro de Deodoro, no Rio de Janeiro.

Desgostoso com as atitudes do diretor da, então, "indústria pastoril", resolvi pedir minha demissão. Chamado pelo ministro, este insistiu em levar-me para seu gabinete, o que me foi de grande utilidade. Lá encontrei excelentes funcionários, como Paulo Vidal, que iria depois trabalhar comigo no DASP, Arno Konder, depois embaixador, e outros. Muito aprendi, fiz grande relacionamento com políticos e autoridades e na sociedade carioca.

Quando o ministro Calmon formou uma comissão para preparar um projeto de lei criando o Serviço Florestal do Ministério da Agricultura, fui uma espécie de secretário desta comissão. Por ser do gabinete do ministro, me pediram que ajudasse e, como era um assunto que realmente me interessava, participei da elaboração do projeto que resultou na criação do órgão. Recebi, então, um convite do diretor nomeado para o Serviço Florestal – Francisco de Assis Iglésias, uma pessoa de grande valor, de dedicação ao serviço público e ao problema florestal – para me transferir para o novo serviço, cuja sede era junto ao Jardim Botânico, no chamado Horto Florestal. Lá fui trabalhar, com muito interesse.

O Serviço Florestal começou a funcionar com alguns funcionários muito bons e competentes. Eram engenheiros agrônomos que se dedicaram muito ao problema florestal. O governo teve, também, a boa idéia de trazer um técnico dos Estados Unidos que, viajando pelo país, conheceu a situação e escreveu uma série de trabalhos sobre o assunto. Naquele tempo, o Brasil ainda era uma grande floresta. Hoje está essa incrível devastação verdadeiramente criminosa que se praticou, e se pratica todos os dias, até no Rio de Janeiro.

SOCIEDADE DOS AMIGOS DAS ARVORES

Primeira Conferencia Brasileira
DE
Protecção á Natureza

PROGRAMMA

RIO DE JANEIRO
1933

Capa do programa da I Conferência Brasileira de Proteção à Natureza, realizada em 1933, com o apoio de Luiz Simões Lopes.

Capa da edição comemorativa da *Revista Florestal*, de cuja criação Luiz Simões Lopes participou. 1930

Projetei vários trabalhos, escrevi as "Instruções para a cultura dos eucaliptos", plantei eucaliptos no Triângulo Mineiro e tornei-me, para o resto da vida, um enamorado das plantas, da natureza e da sua conservação. Fiquei tão interessado que resolvi criar uma revista especializada. Como o governo não criava, e nem tinha dinheiro para pagar, eu e um colega de repartição, Francisco Rodrigues de Alencar, resolvemos nos arriscar a fazer uma revista e a mantê-la com anúncios. Até certo ponto, nosso intento foi alcançado, porque durante tempos conseguimos manter sua publicação. A *Revista Florestal* foi, que eu saiba, a primeira manifestação clara da preocupação de pregar a conservação da natureza através de uma publicação especializada. Era assim que chamávamos o que hoje muitos chamam de meio ambiente.

Fiquei no Serviço Florestal até a Revolução de 1930. Minha passagem pelo Ministério não foi, pois, muito longa, mas foi altamente proveitosa, ligando-me ao Ministério que meu pai dirigira e a toda a vasta problemática agropecuária do país que continuaria para sempre me interessando.

Luiz Simões Lopes em visita ao Serviço de Documentação do Ministério da Agricultura.
1925/1936

Certificado de participação de Luiz Simões Lopes na II Conferência Brasileira de Proteção à Natureza, realizada no Rio de Janeiro em 1984.

3

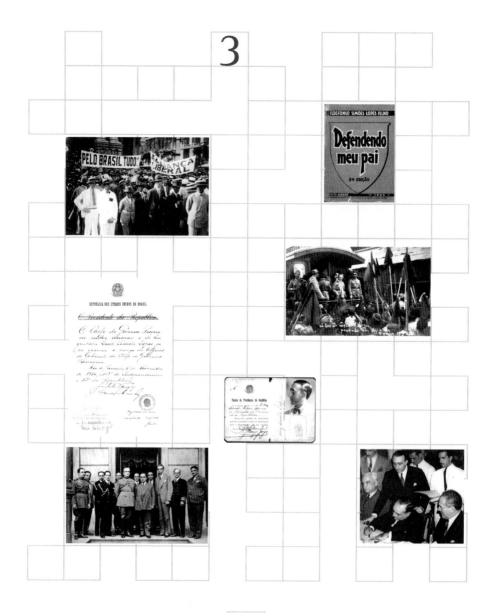

60

POLÍTICA: TRAGÉDIA E REVOLUÇÃO

Em 1929, Luiz Simões Lopes envolveu-se em um incidente que teve repercussão nacional. Aproximava-se a época da sucessão presidencial, e como o então presidente Washington Luís representava o estado de São Paulo na política nacional, esperava-se que seu sucessor fosse um mineiro, conforme a lógica da alternância no poder. No entanto, o candidato indicado por Washington Luís foi o paulista Júlio Prestes. Em conseqüência, Minas Gerais, Rio Grande do Sul e Paraíba uniram-se contra o candidato oficial e lançaram, em 30 de julho, as candidaturas de Getúlio Vargas a presidente e de João Pessoa a vice. Para apoiar e organizar a campanha dos candidatos da oposição, formou-se, no início de agosto, a Aliança Liberal, que tinha como vice-presidente Ildefonso Simões Lopes. Getúlio, na época, era presidente (hoje seria governador) do Rio Grande do Sul, mas de 1923 a 1926 havia feito parte da bancada gaúcha na Câmara dos Deputados, da qual Ildefonso era membro veterano, e desde então as duas famílias tinham passado a se freqüentar. Com o desenrolar da campanha aliancista por todo o país, os ânimos muitas vezes se exaltaram, principalmente na Câmara, onde deputados da situação e da oposição hostilizavam-se abertamente. Em confronto aí ocorrido no dia 26 de dezembro, Ildefonso disparou dois tiros que atingiram mortalmente o deputado pernambucano Manuel Francisco de Souza Filho. Defendia o filho Luiz, que o acom-

panhava na ocasião. O episódio trágico marcou para sempre a família.

Em março de 1930, realizaram-se as eleições, que deram a vitória a Júlio Prestes. Após uma fase de indefinições, os aliancistas, unidos aos "tenentes" revolucionários, intensificaram os preparativos para um movimento armado que afinal teve início em 3 de outubro. Luiz Simões Lopes e seu pai estavam então no Rio Grande do Sul, e lá tomaram parte na revolução, logo vitoriosa no estado, já que as forças legalistas aderiram ao movimento. Enquanto os gaúchos avançavam sobre Santa Catarina e Paraná – onde Vargas estabeleceu seu quartel-general na cidade de Ponta Grossa –, e os revolucionários do Norte desciam para a capital federal, Washington Luís perdia força, até ser deposto pela cúpula militar no dia 24. Após delicadas negociações, Vargas pôs-se afinal a caminho da capital, em trem militar, acompanhado de grande comitiva. Chegou ao Rio em 31 de outubro, e em 3 de novembro assumiu a chefia do governo provisório. Pouco depois da chegada da comitiva vitoriosa, da qual seu pai fazia parte, Luiz Simões Lopes também desembarcou no Rio e recebeu um recado de Getúlio. O convite para ser seu oficial-de-gabinete, imediatamente aceito, deu início a uma grande proximidade entre o jovem de 27 anos e aquele que iria governar o país pelos 15 anos seguintes.

A ALIANÇA LIBERAL
E O DESPERTAR PARA A POLÍTICA

Às vésperas da campanha da Aliança Liberal, iniciada em 1929, para apoiar a candidatura de Getúlio Vargas à Presidência da República, comecei a me envolver com os problemas políticos nacionais. A Aliança Liberal teve como presidente Afonso Pena Jr., mineiro ilustre, homem muito preparado, possuidor de uma biblioteca maravilhosa, e como vice-presidente, meu pai, Ildefonso Simões Lopes, então deputado federal pelo Rio Grande do Sul.

Manifestação de apoio à Aliança Liberal. Rio de Janeiro, 1929

Soube da decisão da candidatura Vargas numa noite em que eu, muito mocinho, tocava violão na casa do senador Azeredo, que era uma das figuras importantes da política de então. Aliás, foi nosso adversário na campanha que se iniciou. As filhas dele gostavam muito de música, e eu era um "tocador" de violão. Nesta noite, chegou o Dr. Lindolfo Collor e disse ao senador que a candidatura Vargas estava decidida e que a campanha começaria em breve.

A candidatura Vargas foi levantada, em realidade, pelos presidentes de Minas Gerais, Rio Grande do Sul e Paraíba. O governador da Paraíba, João Pessoa, foi indicado candidato a vice-presidente, mas, infelizmente, foi assassinado.[1] Foi um excelente companheiro, com muitos serviços prestados.

A campanha enfrentou dificuldades de toda ordem, porque todos os demais estados e a Presidência da República favoreciam violentamente, forçadamente, a candidatura Júlio Prestes.

Tornei-me uma espécie de secretário de meu pai. Havia muitas reuniões no Hotel Glória, onde morava João Neves da Fontoura, líder da bancada rio-grandense, um dos grandes oradores a favor do nosso candidato na Câmara dos Deputados, e vice-presidente do estado do Rio Grande do Sul.

NOTA

[1] João Pessoa foi assassinado por João Dantas, na Paraíba, em 25 de julho de 1930.

EM DEFESA DE MEU PAI

Gostaria de falar de meu pai e de mim ao mesmo tempo, tão grande foi a influência que ele exerceu na minha formação. Profunda foi a minha amizade por ele. Grande foi a minha admiração por aquele homem sem jaça, bom, íntegro, inteligente, capaz, amigo dos seus amigos, franco, de inaudita coragem física e moral, patriota inflamado, sincero em tudo e com todos, brilhante, modesto, estudioso, com bom preparo, bem dotado para a música – tocava flautim e, bem, piano –, enérgico, emotivo, bom filho, bom pai, amante de toda a sua família.

Meu pai tomou parte ativa na direção da Aliança Liberal e na batalha parlamentar, mas sempre comedido e cordial. Já quase no final de 1929, os parlamentares do governo resolveram não dar número para evitar a propaganda aliancista, o que levou os deputados da oposição a falarem ao público, inclusive da escada da Câmara dos Deputados, como represália. Sob a inspiração de Viana do Castelo, ministro da Justiça, mineiro, que ficara com Washington Luís, organizou-se bando de conhecidos desordeiros para impedir os discursos dos deputados da oposição. Isso indignou meu pai, que naquele dia fatídico chegou a descer as escadas do Palácio Tiradentes para enfrentar os desordeiros. Nesse momento, arriscou sua vida, e eu, a seu lado, cheguei a puxar meu revólver para defendê-lo, se necessário.

Voltou meu pai para o recinto da Câmara, visivelmente encolerizado, e eu, procurando conter os bandidos, me atrasei alguns minutos dele. Quando entrei no recinto, com o revólver na cintura e trazendo uma frágil bengala de passeio, notei que, ao fundo, meu pai discutia com o jovem deputado Souza Filho, pernambucano, homem violento, de má reputação, mas que, até então, mantinha relações cordiais com meu pai. Soube depois que, ao se encontrarem, Souza Filho dirigiu-se a meu pai dizendo-lhe: "Vocês querem desordem, pois aí a têm, e é o que merecem". Houve troca de palavras e recíprocos empurrões. Apressei o passo, disposto a intervir, já que meu pai era um homem velho, e Souza Filho, moço, conhecido como provocador e brigador perigoso.

  Quando já estava próximo de ambos, vi que Souza Filho dera um salto para trás e puxara, da cava do colete, um punhal nordestino, ao mesmo tempo que meu pai era agarrado por trás por colegas e pessoas que, provavelmente, queriam evitar a tragédia. Pulei entre os dois, sem tempo de puxar meu revólver, e dei com minha bengala na cabeça de Souza Filho. A bengala quebrou-se e Souza Filho partiu sobre mim de punhal em punho. Enquanto tentava puxar meu revólver, tropecei, caí, e meu revólver rolou pelo chão. Quando quis pegá-lo, um investigador de polícia pisou-me a mão ferindo-me levemente, e vi Souza Filho sobre mim, de punhal em riste. Neste instante, ouvi dois tiros. Era meu pai que se desembaraçara dos que o seguravam e veio em meu socorro, atingindo Souza Filho, mortalmente.

Defendendo meu pai. Livro de Ildefonso Simões Lopes Filho publicado em 1935.

Naqueles momentos trágicos, tive oportunidade de ver, mais uma vez, a coragem do meu pai. Cercado por grupos hostis, de deputados e policiais, secretas, que tentaram avançar sobre nós, meu pai, de revólver em punho, gritou várias vezes: "Matei em defesa do meu filho e mato o primeiro que se aproximar", o que os reteve em respeito. Entraram, então, vários deputados amigos, como Baptista Luzardo, portando um revólver, e Adolpho Bergamini, até que o deputado Domingos Mascarenhas, do Rio Grande do Sul, desse o braço a meu pai e, com os outros, nos encaminhamos para a saída da Câmara. Fomos presos pelo delegado Oliveira Sobrinho, que dizia ser prisão em flagrante, apesar de os deputados da Aliança protestarem. Depois dos interrogatórios, fomos separados: meu pai foi para o quartel da Polícia Militar, e eu para outro quartel, por pouco tempo. Meu pai, por oito longos meses, quando recebeu mais de três mil visitas.

Nossos advogados eram Plínio Casado, Evaristo de Moraes e meu irmão Ildefonso, acompanhados de perto pelo meu saudoso tio Augusto. O presidente Washington Luís portou-se corretamente, não intervindo no assunto. Os áulicos e a polícia, cujo chefe era Coriolano de Góes, portaram-se tristemente. Resolveram dizer que Souza Filho estava desarmado e que não brandira o punhal. Este triste fato marcou muito nossa vida. Mostrou-nos a ingratidão de muitos, a traição de alguns e a dedicação de tantos amigos e, até, de desconhecidos. Tivemos, inclusive, belas provas de amizade de adversários políticos. Fomos procurados por um deles, Ladário Cabeda, do Itamarati, que veio, espontaneamente, dizer-nos que vira quando levantaram o corpo do deputado Souza Filho e que, sob ele, estava o punhal, ainda em sua mão. Esconderam-no, então. Fez mais, pois disse: "Sou adversário, mas não posso assistir a essa injustiça com o Dr. Simões Lopes e estou disposto a depor", como o fez.

Entramos em júri e fomos absolvidos, em pleno governo adversário, apesar das ameaças que nos chegavam sempre, inclusive de familiares do deputado Souza Filho. Falando em nossa defesa, meu irmão Ildefonso fez um belo e comovente discurso, publicado, depois, em livro: *Defendendo meu pai.*[1]

NOTA

[1] Ildefonso Simões Lopes Filho. *Defendendo meu pai.* 2ª ed. Porto Alegre: Globo, 1935.

A REVOLUÇÃO DE 1930

No dia 3 de outubro, dia da revolução, foi organizada uma força civil para cercar o quartel de Pelotas, e eu era um dos 200 jovens que lá estavam. A situação era mais ou menos equilibrada, uns a favor da revolução, outros contra. O capitão Cícero Góes Monteiro, irmão do general Góes Monteiro, era o chefe da parte revolucionária do quartel e agiu muito habilmente. Todos os dias ele saía com o seu pelotão, *soi-disant* para fazer exercícios, e voltava às cinco horas da tarde. Isso foi acostumando todo mundo. O pessoal do quartel achava isso tudo muito natural. No dia 3 de outubro, às cinco horas da tarde, hora marcada da revolução, o capitão Cícero, como fazia todos os dias, entrou com a tropa. O comandante já havia ido para casa. Alguns outros oficiais também já tinham saído. Nós estávamos cercando o quartel, na presunção de que podia haver uma resistência dos oficiais pró-governo, mas não aconteceu nada disso. Cícero Góes Monteiro entrou com sua força, tomou conta do quartel, e os que eram contra não tomaram posição nenhuma. Aliás, fiquei com uma impressão dolorosa de ver a atitude de muitos oficiais do Exército que pura e simplesmente não fizeram nada, nem pró, nem contra a revolução.

Depois da tomada do quartel, eu e um primo, João Simões Lopes Filho, fomos encarregados de procurar um oficial de Marinha para convencê-lo a aderir à revolução. Se ele não aderisse, deveríamos fazê-lo prisioneiro. Chegando ao seu escritório, soubemos que já havia ido para casa. Eram quase seis horas. Fomos, então, encontrá-lo em casa e constatamos que nada sabia. Chegamos, cumprimentamos e dissemos: "Olha, não sei se o senhor sabe que a revolução que começou hoje, às cinco horas, praticamente já dominou o Brasil inteiro". Exageros que a gente faz; naturais desses momentos. "Vimos convidá-lo a aderir à revolução.

Luiz Simões Lopes durante a Revolução de 1930. Pelotas, RS

Se o senhor aceitar, será o capitão do porto de Pelotas, nomeado pela revolução". Ele levou um susto enorme e disse: "Mas outra revolução? Eu já tomei parte em três, me saí muito mal, e vocês estão querendo que eu me envolva em outra". Retrucamos: "Ah, capitão, o problema é que não há mais jeito". Ele pediu licença para falar com a esposa e foi lá para dentro. Eu disse para o meu primo: "Ele foi é buscar uma arma. Você se coloca naquele canto e eu neste aqui, e pega o revólver, porque é capaz de ele vir aí armado e nos correr daqui". Nada ocorreu. Ele voltou todo sorridente dizendo que sim, que ia acompanhar a revolução, quando sentenciamos: "Então, nós estamos autorizados a convidá-lo para continuar no posto de capitão do porto".

Ficamos tentando organizar uma força para se juntar às forças revolucionárias. O Rio Grande do Sul inteiro queria ir para a revolução, e não havia maneira. Não havia transporte, não havia armas, não havia fardamentos, não havia nada para aquela multidão toda que queria ir para a revolução. Pensávamos que a revolução ia durar uns seis, oito meses; então, convidamos para nos dirigir um caudilho rio-grandense, o general Zeca Neto, que foi da oposição até o surgimento da Aliança Liberal e que tinha feito a Revolução de 1923. Lembrei-me que meu irmão tinha sido major secretário da Coluna de 1923. Por telefone, o convidamos, e ele aceitou integrar-se à nossa força. No local combinado, um hotel de Pelotas, fomos ao encontro do general Zeca, que vinha de Camacuã. Disse que tinha que voltar a Camacuã, mas que nós podíamos começar a procurar gente para organizar a força. Acontece que a revolução, em vez de durar oito meses, durou dias. Não houve tempo nem de organizar a força.

Eu diria que um dos aspectos mais importantes da Revolução de 1930 foi a mudança da máquina do Estado, que evidentemente sofreu uma grande melhoria. O presidente Vargas era um administrador, tinha carinho pela administração, se ocupava até com os casos pessoais, mas que diziam respeito à tese da administração. A Revolução de 1930 teve uma série de outras conseqüências. Acho que foi a única revolução, de fato, que houve no país. A meu ver, ela trouxe modificações mais profundas do que a Proclamação da República. A legislação do trabalho, esse relacionamento mais estreito dos estados com a União, a preocupação com o municipalismo, tudo isso é fruto da Revolução de 1930.

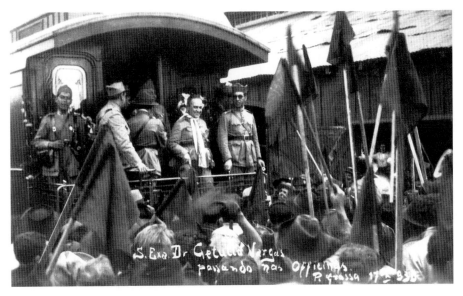

Getúlio Vargas e correligionários no Paraná, a caminho do Rio de Janeiro, após a vitória da Revolução de 1930. Outubro de 1930

OFICIAL-DE-GABINETE DO PRESIDENTE VARGAS

Vitoriosa a revolução, meu pai seguiu para o Rio de Janeiro com a comitiva do Dr. Getúlio, de trem, via São Paulo. Resolvi, também, voltar para o Rio de Janeiro, onde eu era funcionário público. Tomei um navio no Rio Grande e três dias depois estava na capital, mais ou menos junto com a comitiva. Logo que cheguei em casa encontrei um recado de que Dr. Getúlio mandava me dizer que precisava falar comigo. Ele me conhecia desde 1923, quando veio como deputado federal para o Rio de Janeiro. Meu pai, que já era deputado antigo naquela época, o visitava, e assim nos conhecemos. Conheci também dona Darci e os filhos, que eram pequeninos nesse tempo. Fui procurá-lo e ouvi: "Olha, eu queria que você viesse trabalhar comigo, porque estou com uma dificuldade muito grande. Existem centenas de pessoas querendo falar comigo, mas eu..."

Ele tinha trazido para assessorá-lo o Walder Sarmanho e o Luiz Vergara, que com ele trabalhavam no governo do Rio Grande, mas ambos nunca tinham trabalhado no Rio de Janeiro. Não conheciam as pessoas, sendo, por isso, muito difícil decidir no meio daquela multidão a quem é que se ia dar preferência para ser recebido pelo Dr. Getúlio. Diferentemente, eu conhecia bem as pessoas, pois tinha sido oficial-de-gabinete do ministro Miguel Calmon por vários anos. Nesse período, muito aprendi, fiz grandes relacionamentos com políticos e autoridades e na sociedade carioca. Não podia negar o convite. Ao perguntar-lhe: "Quando é que o senhor quer que eu comece a trabalhar?", ouvi: "Agora, hoje! Estou com essa gente toda aí, preciso ver com quem vou falar".

Desde alguns dias antes da sua posse no governo eu já estava trabalhando com ele. Era um assessor, que recebia para estudo os processos que vinham dos ministérios para a decisão do, então, chefe do Governo Provisório e, posteriormente, presidente Getúlio Vargas. Já não saí mais do Palácio. Passei a comer, dormir, tomar banho, enfim, a tudo fazer no Palácio.

Posse de Getúlio Vargas na chefia do Governo Provisório, no Palácio do Catete, em 3 de novembro de 1930. Na frente, Mena Barreto (1º), João Pereira Machado (2º), Francisco Ramos de Andrade Neves (3º), Getúlio Vargas (4º), Gregório da Fonseca (5º), Bento Machado da Silva (6º); atrás, Walder Sarmanho (1º), Ademar Siqueira (2º), Luiz Vergara (4º) e Luiz Simões Lopes (5º).

REPUBLICA DOS ESTADOS UNIDOS DO BRASIL

~~O Presidente da Republica~~

O Chefe do Governo Provisorio resolve nomear o Sr. Engenheiro Luiz Simões Lopes para exercer o cargo de Official de Gabinete do Chefe do Governo Provisorio.

Rio de Janeiro, 5 de Novembro de 1930, 109º da Independencia e 42º da Republica.

Nomeação como oficial-de-gabinete do chefe do Governo Provisório, assinada em 5 de novembro de 1930.

Meus pendores pela organização racional, meu imenso entusiasmo pela revolução – que nos parecia o instrumento capaz de transformar o Brasil no país dos nossos sonhos, próspero, livre, feliz, dirigido por um governo altamente competente, honesto e bem intencionado, governo inspirado na "moral e na razão", como diriam os positivistas – me fizeram dedicar-me de corpo e alma às minhas tarefas, conquistando a confiança do Dr. Getúlio e, modéstia à parte, o respeito de quantos lidavam comigo e viam meu modo de proceder.

O tempo foi passando, e eu cada vez mais mergulhado no trabalho, mais experiente, melhor conhecedor da problemática do serviço público, sentindo diretamente as grandes deficiências da máquina estatal, que era emperrada, irracional, irresponsável e olhada com desprezo pelos brasileiros; incapaz enfim, de realizar os anseios dos revolucionários de 1930. Muitos, como eu, aspiravam a uma administração pública altamente eficiente e respeitada.

Carteira de oficial-de-gabinete da Presidência da República emitida em 2 de maio de 1935.

Luiz Simões Lopes, chefe de gabinete, acompanhando o presidente Vargas. À esquerda do presidente, Oswaldo Aranha. 29 de outubro de 1941

A INTENTONA INTEGRALISTA

O presidente Getúlio Vargas era um homem de centro, progressista – tanto que foi quem introduziu no Brasil, como todos sabem, avançada legislação trabalhista. Arguto observador, substituiu no governo da República o presidente Washington Luís Pereira de Sousa que, segundo se dizia, considerava o problema social "um problema de polícia". Fez as leis sociais e, mais tarde, criou o PTB,[1] para impedir que os trabalhadores se alistassem nas hostes comunistas. Curiosamente, o Dr. Getúlio foi presidente do PSD[2] e do PTB. Essa posição de centro, a mais consentânea com os interesses do país, desagradava às extremas esquerda e direita. Por isso, contra ele levantaram-se os comunistas, em 1935,[3] e os integralistas, em 1938.[4]

Na noite da intentona integralista, eu estava despachando com o presidente no Palácio Guanabara, quando recebi um bilhete do capitão Serafim Vargas, sobrinho do Dr. Getúlio e meu particular amigo. Comunicava-me haver chegado do Sul, onde servia, e que me esperava no Palácio do Catete, onde se hospedava com os ajudantes-de-ordens do presidente, que lá tinham quartos, para entregar-me lembranças que trouxera para mim. Terminado o despacho, pouco antes da meia-noite, usando meu carro particular – naquele tempo não havia essa orgia de carros oficiais que há hoje – fui para o Catete. Serafim entregou-me dois bonitos presentes:

um par de abotoaduras, que representavam cuias de mate, feitas de caroço de coqueiro com filigranas de ouro e bombas de ouro ligadas por correntinha também de ouro, e uma corrente de relógio em couro cru, maravilhosamente trançado. Uma beleza de arte gauchesca.

      Estávamos iniciando nossas conversas quando o telefone oficial avisou: "Estão atacando o Palácio Guanabara!" Contestei: "Impossível, estou chegando de lá e tudo está tranqüilo". Ante a insistência da informação, Serafim e eu dirigimo-nos para o Guanabara. As luzes da rua Paissandu[5] estavam apagadas, como as da entrada do Palácio. Fomos até o portão e constatamos que estava sem a guarda habitual. Gritei várias vezes sem obter resposta: "Abram, é Simões Lopes que quer entrar". Resolvi tentar o telefone e encaminhei o carro para uma casa na esquina da então rua do Rozo – hoje Coelho Neto – pois lá morava, quando eu era menino, o ilustre escritor e seus filhos, meus amigos. Ao iniciar a manobra, um grande tiroteio de metralhadoras partiu do Palácio. Penso que os tiros não eram dirigidos contra nós, pois não nos acertaram, apesar da grande quantidade de folhas das árvores da rua que caíram sobre nós. Chegamos à casa, onde estávamos abrigados pela esquina. Pedimos licença para telefonar e consegui falar com Alzira Vargas[6] antes que cortassem as linhas telefônicas, como fizeram.

      Informados do ataque por Alzira, rumamos para a Polícia Especial, situada no morro de Santo Antônio. No caminho, vimos movimento estranho nas ruas, pessoas de armas na mão e tentativas de parar o nosso carro. Chegando ao quartel da Polícia Especial, pedimos auxílio e ouvimos do comandante que havia recebido ordens para não se ausentar do quartel. Falamos pelo telefone com o chefe de Polícia, o meu jovem e prezado amigo, capitão Filinto Müller – que faleceu tragicamente, muitos anos depois, em desastre aéreo ao chegar a Paris. Filinto deu ordem, e um grupo de cerca de 10 homens, armados de metralhadoras, escoltou-nos no carro de polícia e voltamos para a rua do Rozo.

Os policiais estavam dispostos a entrar conosco no Palácio, pulando o muro que separava o Palácio do campo do Fluminense Futebol Clube mas, nesse momento, chegou o general Eurico Gaspar Dutra, que ordenou ao Serafim que não permitisse a entrada de ninguém, pois iria buscar reforços. Um revolucionário subiu em uma árvore e atirou na janela do quarto do presidente, e outros cercaram o Palácio pelos fundos e pelos lados. Passamos horas de grande aflição, imaginando o risco que estavam correndo o presidente e sua família, mas nada pudemos fazer.

O que se passara? Muito facilmente, mancomunados com um oficial da Marinha que comandava a guarda do Palácio, à meia-noite, quando a guarda seria substituída, os revolucionários se apossaram da casa da guarda e, portanto, do Palácio. Prenderam um detetive civil que tentara resistir. Todavia, não conseguiram prender um outro que se abrigara no Palácio. Momentos antes da tomada das entradas do Palácio, por lá chegaram o irmão do presidente, o bravo Benjamim Vargas, e o destemido Júlio Santiago, também do Rio Grande, amigo do presidente e irmão do meu grande amigo Epitácio Santiago. Talvez tenha chegado mais alguém, mas não me recordo. Enquanto angustiados esperávamos, chegaram à rua Cordeiro de Farias – coronel, interventor no Rio Grande do Sul – com meu irmão Ildefonso. As forças chegaram, mas não vinha a ordem de ataque ao Palácio. Os integralistas haviam ocupado o Ministério da Marinha, de onde falavam pelo rádio.

Finalmente, iniciou-se o ataque. Entramos na frente, Serafim e eu, com um contingente da Polícia Militar. Ante as hesitações do capitão que comandava o contingente, Serafim obrigou-o a entrar aos empurrões. Seriam, talvez, quatro horas da manhã e, no lusco-fusco, pouco se via. Os chefes integralistas tinham fugido, inclusive o capitão Fournier, que dirigia as operações, e em breve tempo os que não fugiram e estavam na casa da guarda foram dominados ou se entregaram.

Os prisioneiros feitos na casa da guarda vinham em fila indiana, quando vi que o tal capitão que entrara no Palácio, empurrado pelo Serafim, estava agredindo a coronhadas os prisioneiros que passavam. Corri para ele e protestei energicamente, quando, de repente, vejo-o em posição de sentido. Olhando para trás, vi o presidente Vargas se aproximando com as mãos nos bolsos – provavelmente segurando seu revólver. O capitão disse ao presidente que não se aproximasse, pois tratava-se de bandidos. O presidente, contudo, aproximou-se dos prisioneiros e perguntou, mais ou menos com estas palavras: "Por que vocês se meteram nisso, rapazes?" Eles cercaram o presidente e juraram que não eram contra ele e que ali estavam enganados e, alguns, à força. Acredito que, afora alguns integralistas, a grande maioria parecia gente do mais baixo nível, sem nenhuma aparência de sectários e que lá estavam iludidos, levados pelos chefes integralistas que, covardemente, fugiram, lá deixando seus soldados.

NOTAS

[1] Partido Trabalhista Brasileiro, fundado em 1945.
[2] Partido Social Democrático, fundado em 1945.
[3] Revolta Comunista, de 27 de novembro de 1935.
[4] Levante Integralista, de 11 de maio de 1938.
[5] O Palácio Guanabara, sede do governo federal, localizava-se na rua Pinheiro Machado, próximo da rua Paissandu. Com a transferência da capital para Brasília, ocorrida em 1961, o Palácio Guanabara passou a sediar o governo do novo estado da Guanabara. A partir de 1975, quando ocorreu a fusão GB/RJ, tornou-se a sede do governo do estado do Rio de Janeiro.
[6] Alzira era filha de Getúlio Vargas.

4

PAIXÃO PELA ADMINISTRAÇÃO

Os anos de 1935 a 1938 abriram uma nova etapa na história administrativa do Brasil, na qual Luiz Simões Lopes iria exercer incontestável liderança. Preocupado com a administração pública desde os tempos em que trabalhava no Ministério da Agricultura, o agora assessor do presidente Vargas pôde conhecer mais de perto os problemas que emperravam o serviço público e ter voz ativa na busca de soluções, participando assim da modernização do Estado brasileiro.

O primeiro passo em direção à racionalização administrativa na chamada Era Vargas foi dado quando, em 14 de março de 1935, foi criada a Comissão Mista da Reforma Econômico-Financeira, cuja subcomissão de reajustamento dos quadros do serviço público civil, presidida pelo embaixador Maurício Nabuco, realizou um minucioso trabalho de dimensionamento do funcionalismo. Em 1936, à chamada Comissão Nabuco, sucedeu a Comissão de Reajustamento. Indicado pelo presidente Vargas para presidi-la, Luiz Simões Lopes elaborou o primeiro plano de classificação de cargos do governo federal baseado no sistema de mérito. Esse trabalho assumiu a forma de um projeto-de-lei que foi encaminhado à Câmara dos Deputados em setembro de 1936 e resultou na Lei nº 284, de 28 de outubro do mesmo ano.

A Lei nº 284 instituiu o Conselho Federal de Serviço Público Civil

(CFSPC). Instalado em dezembro de 1936, o CFSPC seria, nos dois anos seguintes, o principal responsável pela condução da reforma administrativa no país. Era composto de cinco membros, e a partir de março de 1937, até ser extinto em julho de 1938, foi presidido por Luiz Simões Lopes. Com o CFSPC buscou-se, na prática, aumentar a eficiência governamental. Evidenciou-se, por outro lado, a inconveniência de atribuir a um órgão colegiado a responsabilidade pelo desempenho de atividades que exigiam grande agilidade. O CFSPC preparou assim o caminho para a instalação do Departamento Administrativo do Serviço Público (DASP).

O DASP foi criado pelo Decreto-Lei nº 579, de 30 de junho de 1938, em cumprimento ao estabelecido no artigo 67 da Constituição de 1937, que instituiu o Estado Novo. O artigo mencionado previa a organização de um departamento administrativo, vinculado à Presidência da República, incumbido de fazer um estudo pormenorizado dos órgãos públicos a fim de determinar, do ponto de vista da economia e da eficiência, as modificações a serem feitas; elaborar anualmente, de acordo com as instruções do presidente da República, a proposta orçamentária federal, e fiscalizar a execução do orçamento. O decreto-lei de criação do DASP acrescentou a estas as seguintes atribuições: seleção e aperfeiçoamento de pessoal para o serviço público; definição dos padrões do material para uso nas repartições, e assessoramento do presidente da República no exame dos projetos de lei encaminhados para sua apreciação.

Mais uma vez, Luiz Simões Lopes foi chamado a colaborar, como presidente (cargo depois denominado diretor-geral) do novo Departamento. A ele coube também a presidência da Comissão de Orçamento Geral do Ministério da Fazenda, solução encontrada diante da resistência do Ministério em transferir para o DASP a responsabilidade pelo orçamento da República. Em seu es-

forço para racionalizar a administração pública, o DASP concentrou-se, durante a gestão de Luiz Simões Lopes, na seleção de servidores públicos mediante concurso e em seu aperfeiçoamento através de cursos, palestras e bolsas de estudo no exterior. Criou-se a carreira de técnico de administração, considerada instrumento indispensável à reforma administrativa. Coube também ao DASP propor a Vargas a criação da Coordenação da Mobilização Econômica, em 1942, em face da situação surgida com a entrada do Brasil na Segunda Guerra Mundial.

Diante da crise política que culminou com a deposição do presidente Vargas em 29 de outubro de 1945, Luiz Simões Lopes deixou a direção do órgão que ajudara criar. Mas prosseguiu em seu esforço infatigável para garantir a eficiência da administração pública, sempre defendendo o sistema de mérito e a qualificação profissional do funcionalismo.

A ADMINISTRAÇÃO PÚBLICA BRASILEIRA ANTES DO DASP

Como chefe de gabinete do ministro Miguel Calmon, tomei contato mais de perto com os grandes problemas que assaltavam a administração pública brasileira, com as suas mazelas e deficiências. Surpreendeu-me o grau de desonestidade que havia em vários setores, inclusive no famoso Tribunal de Contas da União. Os funcionários pagavam para que sua folha de pagamento mensal fosse processada e paga.

A situação da administração pública brasileira era, então, das mais lamentáveis, pois fora submetida durante largos anos a um regime eminentemente político, em que a escolha para os cargos públicos se fazia sob pressão dos políticos que apoiavam o governo e, regionalmente, dos cabos eleitorais. Era o triste sistema do pistolão, que os americanos batizaram de *spoil system*.

A administração tinha alcançado um nível tão baixo de eficiência, de credibilidade, de honorabilidade, de capacidade de responder às necessidades crescentes do povo brasileiro, que se fazia necessário uma reforma profunda. Claro que não negamos que houvesse no serviço público pessoas da mais alta idoneidade, dedicadas, patriotas. Havia. Na realidade, eram essas poucas pessoas que suportavam a frágil máquina estatal em seus ombros. Era verdadeiramente alarmante o que se via à medida que se penetrava cada vez mais no âmago daquele caos que era a administração pública federal, estadual e municipal.

A reforma do serviço civil brasileiro foi deflagrada pelo presidente Getúlio Vargas em 1935, com a criação da Comissão Mista da Reforma Econômico-Financeira. Dela faziam parte elementos do Executivo e do Legislativo, e teve como dirigente uma figura realmente notável do serviço público brasileiro, que foi o saudoso e ilustre embaixador Maurício Nabuco. Na realidade, era uma comissão muito mais referente a administração pública do que a economia e finanças. O fato é que essa comissão apresentou um relatório que, eu nunca soube muito bem por quê, não foi aceito.

Em 1936, o presidente Vargas nomeou uma nova comissão – Comissão de Reajustamento – e convidou-me para ser o presidente. Foi um imenso trabalho, que durou oito meses. Muitas vezes, forçado por outros compromissos oficiais e sociais, eu chegava ao último andar do Palácio do Catete, onde funcionava a Comissão, às duas horas da madrugada para só sair de manhã. Nos últimos tempos, a Comissão passou a trabalhar 24 horas por dia, revezando-se o pessoal. Finalmente, pronto o trabalho de classificação de todos os funcionários públicos federais, e estudadas várias matérias correlatas, entregamos nosso relatório acompanhado de um projeto de lei, aparentemente simples, mas cheio de conteúdo e de conseqüências.

Depois de longas conversas e discussões comigo, o presidente Vargas aprovou o projeto e mandou-o ao Legislativo, onde foi discutido e recebeu grande número de emendas, visando a favorecer classes, ou até pessoas. Depois de dura batalha junto aos deputados, e graças à maioria de que dispunha o governo na Câmara, a maior parte das emendas foi rejeitada, e o que não foi rejeitado, conseguimos reunir em um único artigo que o presi-

Em 13 de Fevereiro de 1942.

Excelentíssimo Senhor
Luis Simões Lopes,
Presidente do Departamento Administrativo do
Serviço Público   -   RIO-DF.

Meu caro Luis,

Muito obrigado pela Tabela do Pessoal do Ministério, que acabo de receber e que ainda não tinha visto. Parece-me muito bem feita.   Dou-lhe meus parabens.

Quero agradecer-lhe mais uma vez as generosas palavras que Você teve para comigo no almôço de quarta-feira. Na verdade, como tenho dito a muita gente, o crédito deve ser todo seu.   Foi Você quem indicou meu nome para a Comissão Econômica e Financeira, da qual nasceu a corrente - que Você não deixou mais se interrompesse - da necessidade de revisão total do serviço público brasileiro.   Não fôsse sua visão dos problemas, sua fé, sua operosidade, sua tenacidade, sua constância e a confiança que inspiravam seus propósitos, nada se teria feito.   Nisso tudo, portanto, fui simples operário; a vontade de fazer foi sua.   Teria sido muito mais fácil encontrar quem me substituísse a mim do que encontrar quem pôr no seu lugar.

Creia-me sempre seu amigo obrigado

Maurício Nabuco

Carta de Maurício Nabuco, com elogios a Luiz Simões Lopes. 13 de fevereiro de 1942 dente vetou. A lei passou, assim, incólume aos assaltos dos que desejavam alterá-la, para servir a interesses pessoais, e tomou o número 284, de 1936.

Foi uma revolução branca no serviço público, de que poucos se aperceberam, pela maneira sutil com que foi apresentada. Na realidade, os deputados que votaram não compreenderam a filosofia nem as conseqüências daquela lei, que extirpava o pistolão, a grande arma dos políticos. A Lei nº 284, além de dar organicidade ao sistema de pessoal, trazia em seu bojo uma série de princípios indispensáveis a uma administração moderna, não casuística, regida por normas gerais, honestas e rígidas que orientariam dali para a frente o serviço civil brasileiro. Era um sistema monolítico, feito com absoluta lisura, que dispensava tratamento eqüânime a todos.

A nova lei introduziu a obrigatoriedade do concurso para ingresso no serviço público e criou um órgão próprio para realizá-los – o Conselho Federal do Serviço Público Civil, CFSPC. Isso porque os concursos feitos até então nos ministérios, seria melhor que não existissem. Eram focos de grossas bandalheiras. Eu ainda assisti a um desses concursos, realizado pelo Ministério da Fazenda para o cargo de fiscal. Era uma bandalheira total. Alguns dos novos getulistas conseguiram se inscrever no concurso, sem saber nada de nada, sendo aprovados e nomeados. No futuro, daqui a uns cem anos, quando os políticos brasileiros começarem a compreender o que é serviço público, vão ter muito interesse em conhecer a lei que estabeleceu uma estrutura normativa de trabalho para o serviço público do país.

O Conselho Federal do Serviço Público Civil, órgão colegiado que durou cerca de três anos, realizou vasto trabalho.

Primeiro, de aperfeiçoamento do sistema adotado de classificação para as diversas categorias de funcionários que serviam à nação, dirimindo uma série de dúvidas surgidas em torno da aplicação da lei. Deu-nos, ainda, uma excelente oportunidade de balancear mais profundamente a real situação dos quadros do funcionalismo público federal: retrato de longos anos de empreguismo, forma de assalto aos cofres públicos, para mim. Ficou evidenciado o conceito de que era urgente que a Revolução de 30 voltasse suas vistas para as funções do Estado, e conseqüentemente, para a atualização dessa máquina imensa que modorrava havia longos anos, pressionada pelas forças políticas, nem sempre bem inspiradas.

Como presidente do CFSPC, comecei a organizar o serviço público, mas nesse meio tempo veio 1937.[1] Evidentemente, por instrução do Dr. Getúlio e acerto com o ministro Francisco Campos – que foi um dos autores da grande Constituição de 1937[2] –, incluiu-se nela a criação de um novo órgão para cuidar do serviço público, subordinado diretamente à Presidência da República, da mesma forma que seu antecessor. Assim foi criado o DASP – Departamento Administrativo do Serviço Público, em substituição ao antigo CFSPC. Como seria necessário para o momento, foi criado um órgão dotado de muito mais poder, já que não era um órgão colegiado, como fora o Conselho.

Acredito que a Constituição brasileira de 1937 tenha sido, talvez em todo o mundo, a primeira a tratar especificamente da problemática administrativa. Foi com a sua promulgação que surgiu o grande fato renovador. Em seu artigo 67, foi estabelecido um novo princípio constitucional: o da eficiência do serviço público como um dever do Estado para com o país, para com os cidadãos, para com o povo.

Manuscrito de Luiz Simões Lopes demonstrando a importância que atribuía ao serviço público. (transcrição a seguir)

> Meu amor pelo serviço público, pelas causas nacionais, não tinha limites. Qualquer sacrifício de mim exigido seria atendido incontinenti. Eu me achava possuído de um espírito de missão e a mocidade me dava ânimo e forças para enfrentar todas as dificuldades. Era uma luta desigual e sem quartel. Não tinha descanso e não raro era o dia em que me via acuado, atacado, vilipendiado, por defender o que eu julgava serem os altos interesses do Estado. Sonhava criar um grande serviço público, capaz, idôneo e respeitado, como o mais poderoso instrumento de progresso do Brasil.

NOTAS

[1] Em 10 de novembro de 1937, Getúlio Vargas fechou o Congresso Nacional e instituiu o Estado Novo que duraria até 29 de outubro de 1945.

[2] Ao decretar o Estado Novo, Getúlio Vargas outorgou uma nova Constituição, elaborada por Francisco Campos, nomeado ministro da Justiça poucos dias antes do golpe.

A ADMINISTRAÇÃO PÚBLICA BRASILEIRA A PARTIR DO DASP

O DASP, cuja chefia me foi confiada, se constituiu em um órgão extremamente poderoso. Atuando junto ao presidente da República, visava a dar-lhe assessoria, de modo a habilitá-lo não só a reformar, renovar e transformar a velha máquina administrativa, como decidir sobre os muitos milhares de documentos, projetos e papéis que vinham às suas mãos para deliberação.

Cerimônia da posse de Luiz Simões Lopes como primeiro presidente do DASP, no Palácio do Catete. Rio de Janeiro, 9 de agosto de 1938

O Presidente da República

RESOLVE nomear LUIZ SIMÕES LOPES, Tabelião do 1º Ofício de Notas do Distrito Federal, para exercer o cargo, em comissão, de Presidente - Padrão R - do Departamento Administrativo do Serviço Público.

Rio de Janeiro, em 3 de Agosto de 1938; 117º da Independencia e 50º da República.

Palacio da Presidencia da Republica
Registrado no livro competente

Nomeação de Luiz Simões Lopes para presidente do DASP. 3 de agosto de 1938

Além de orientar toda a chamada administração geral da República, isto é, pessoal, material, edifícios públicos e outros aspectos, tinha o DASP a imensa responsabilidade de elaborar o orçamento federal. E quando se fala em elaboração do orçamento federal da República, está-se falando em todos os problemas com os quais se ocupa o governo. Era inevitável, assim, que o DASP tivesse uma intromissão, cautelosa mas importante, na solução de uma imensa gama de problemas brasileiros, em diferentes setores, porque a ele competia compatibilizar os projetos, vindos dos diversos ministérios e setores do serviço público, com as possibilidades orçamentárias. Por essa razão, a Divisão de Orçamento do DASP tinha uma poderosa organização, para prever a receita e a despesa da União, ou seja, para distribuir os recursos. Forçosamente, fosse por pedido dos ministros de Estado, fosse por ordem expressa do chefe do governo, eram dadas certas prioridades a determinados setores. Quem faz o orçamento da República acaba dominando mesmo a administração, sob vários aspectos. O orçamento é a tradução em números do plano de governo.

Embora a Constituição de 1937 tivesse determinado a inclusão do orçamento no DASP, essa inclusão foi lenta, porque havia naturalmente uma grande resistência, principalmente do Ministério da Fazenda, em entregar o orçamento da República, posto que sua elaboração dava um grande poder ao ministro. O que era natural. O presidente Vargas deu, então, uma solução intermediária. Algum tempo antes de transferir para o DASP o orçamento da República, fui nomeado presidente da Comissão de Orçamento do Ministério da Fazenda. Assim, eu era, concomitantemente, presidente do DASP e da Comissão de Orçamento. Foi assim até a completa transposição do orçamento para o âmbito do DASP.

Está claro que, como eu aflorei rapidamente, quando se trata do orçamento da República, se está de fato penetrando no âmago da administração, vendo os seus menores detalhes e também as suas mazelas. E foi isso que nos permitiu uma enorme economia de pessoal e de material. Foi uma economia imensa que se fez naqueles anos.

Concurso do DASP para o funcionalismo público. 1938 /1945

Quando peguei o DASP, o orçamento da República com o pessoal civil representava cerca de 60% dos gastos. Quando saímos, em 1945, representava cerca de 23%, possibilitando que a realização de obras e a aquisição de equipamentos não dependessem de empréstimos, sendo feitas com economias de custeio.

O que quero ressaltar, tentar fazer compreender bem, é o grande papel desempenhado pelo DASP na transformação da mentalidade do serviço público: na melhoria do pessoal, na padronização e especificação do material, na racionalização da administração, no planejamento da construção dos edifícios públicos, na transformação radical introduzida no orçamento geral da República, permitindo um conhecimento bastante aprofundado do que se passava em todos os órgãos públicos, inclusive nos órgãos paraestatais e até nas autarquias, que eram igualmente sujeitas ao controle orçamentário do DASP.

Graças à racionalização progressiva dos serviços, à melhoria da qualidade de pessoal e sua melhor instalação em edifícios adequados, à utilização controlada de material, devidamente padronizado e especificado, foi possível fazer não só uma imensa economia nas despesas públicas, como dispor de recursos, resultantes da sobra do orçamento de custeio, para serem utilizados no plano de obras e equipamentos que o governo criou naquela época, não sujeito ao regime da anualidade orçamentária – o que é importante.

Para que isso fosse possível, muitas foram as providências. Enumerarei apenas algumas. Além da classificação sistemática dos funcionários e demais empregados públicos, foram realizados concursos de âmbito nacional para todas as carreiras, cargos e funções do serviço público federal. Mais de 200 mil pessoas foram submetidas aos concursos do DASP. Desde os cargos mais altos, com maiores exigências profissionais, como por exemplo, o de astrônomo, até os cargos mais modestos das repartições, como os de servente e contínuo, todos eram submetidos a concurso.

  Não posso deixar de fazer uma referência expressa ao presidente Getúlio Vargas que, sendo um ditador, nunca deixou de respeitar os concursos, nunca nomeou pessoas sem concurso e, mais ainda, entre os aprovados nesses concursos, embora a lei não obrigasse, nunca deixou de respeitar, rigorosamente, a ordem de classificação dos candidatos à medida que se iam apresentando as vagas. Demitimos até seu criado de quarto, pessoa de sua confiança, que era servente interino, porque foi reprovado no concurso. E assim, esse apoio sistemático à melhoria do serviço público foi dado em todos os setores, inclusive no de material, onde foram milhares os atos do DASP padronizando e especificando.

A JURISPRUDÊNCIA DO DASP

Havia uma visível incoerência nas decisões governamentais. Eram personalistas e incoerentes. Assim como há jurisprudência jurídica, deve haver jurisprudência administrativa.

Um dia eu disse ao Dr. Getúlio que ele estava dando despachos incoerentes, aprovando um determinado assunto em um ministério e desaprovando em outro, ou até, no mesmo ministério, aprovando e desaprovando assunto semelhante. O presidente compreendeu muito bem e disse: "É, isto é grave", autorizando-me a rever todos os seus despachos e a verificar se se enquadravam na jurisprudência administrativa já estabelecida.

Quase todas as noites eu chegava com um grande número de processos – ele trabalhava muito, era um grande trabalhador – e, às vezes, eu brincava com ele porque, como bom advogado que era, dava despachos longos, e eu dizia: "Seu despacho está muito bonito, mas não pode ser mantido porque colide com um outro que o senhor já deu em sentido oposto em um caso semelhante". E nem uma só vez o presidente disse querer manter o despacho por razões de ordem política, ou outras de conveniência do governo. Sistematicamente, mandava rasgar e redigia um novo despacho de acordo com as decisões consagradas.

Assim, o DASP publicou vários volumes de sua jurisprudência administrativa, além de publicar no *Diário Oficial* todos os despachos do presidente, acompanhados de nossos arrazoados. Isso, naturalmente, servia para educar um pouco os funcionários e os dirigentes dos ministérios, na medida em que sabiam qual era o ponto de vista do governo naqueles diversos casos. Além disso, era uma satisfação pública que o presidente dava da sua maneira de administrar o país.

O DASP criou a *Revista do Serviço Público*, que a todos orientava sobre a maneira de proceder, contendo em suas páginas largos trechos de jurisprudência administrativa, e a *Revista de Direito Administrativo*,[1] já que não se pode fazer uma reforma profunda no serviço público, como a que estávamos tentando, sem bases jurídicas sólidas, devidamente explicadas.

Graças a esse sistema, as inúmeras ações do Poder Judiciário que impugnavam decisões governamentais eram contestadas com vantagem. Tínhamos um consultor jurídico de alta categoria, depois ministro do Supremo Tribunal, Carlos Medeiros Silva. Uma sólida base jurídica era indispensável para atingir nosso objetivo, que era fazer uma reforma profunda na vida administrativa do país, apoiada na lei e nos regulamentos.

É tal o número de aspectos abordados pelo DASP naqueles longos anos de trabalho, que seria muito difícil rememorá-los agora. Quero lembrar, porém, que o DASP criou vários sistemas: por exemplo, o sistema de pessoal – era o Conselho de Administração de Pessoal, presidido por um diretor do DASP, do qual faziam parte os diretores de pessoal dos órgãos do governo. Assim, também, funcionavam o Conselho de Administração de Material, o Conselho de Administração Orçamentária, o Conselho de Edifícios Públicos, dando grande unidade ao sistema e a oportunidade aos seus membros – que eram dirigentes dos órgãos vinculados aos ministérios – não só de trocar idéias e acertar pontos de vista, como de compreender bem os intuitos que moviam o governo a tomar certas medidas, por vezes impopulares, contrárias aos interesses imediatos de determinadas pessoas – funcionários ou classes inteiras –, já que a administração obedecia a uma série de normas filosoficamente criadas através dos anos pelo trato diuturno com essa problemática.

Os ministérios tinham seus serviços específicos, que diziam respeito à sua própria finalidade, e aí a interferência do DASP era muito mais reduzida. Não interferíamos na parte técnico-científica, a não ser nas exigências gerais de concursos, de provas de habilitação e de títulos para o exercício dos cargos, embora o orçamento nos forçasse a uma ingerência importante na própria finalidade desses diferentes órgãos e na sua maneira de proceder. O DASP se ocupava principalmente da administração geral: organização racional do trabalho, pessoal, material, orçamento, edifícios públicos, serviços comuns a todos os ministérios, que, por isso, deveriam ter um tratamento, senão idêntico, bastante semelhante. Poderiam, assim, até certo ponto, ser equiparados, no sentido de terem o mesmo pensamento e a mesma filosofia.

Graças aos critérios e à rigidez vigentes no DASP, sofri um combate sistemático por parte daqueles que se sentiam contrariados com as decisões de lá emanadas, pois ao DASP eram encaminhados sempre casos discutíveis e, em um grande número de vezes, a nossa decisão era contrária aos interesses pleiteados junto ao governo.

Como é sabido, os governantes vivem permanentemente

assediados. De um lado, por pessoas portadoras de idéias produtivas, felizes, pessoas de criatividade, que trazem colaboração efetiva à melhoria das diretrizes do governo. Mas é bem mais numeroso o número daqueles que querem tirar proveitos indevidos do povo, porque, finalmente, quem paga o governo é o povo. Esses últimos querem favores, benesses, forçando interpretações falsas das leis e dos dispositivos regulamentares.

O que nós queríamos era um funcionalismo altamente competente, escolhido mediante provas insuspeitas de capacidade, de honorabilidade, capaz de defender os interesses do país e, portanto, do povo brasileiro, contra as investidas dos eternos aproveitadores dos serviços públicos, que rondam como sempre, em todas as épocas, os governos e particularmente o Tesouro Nacional.

Nessa batalha nos empenhamos, em todas as frentes, contra muita gente poderosa de dentro e de fora do governo, tendo sempre o apoio destemido e firme do presidente Getúlio Vargas. Daí o meu apreço por ele e a minha fidelidade à sua orientação de homem de Estado, honrado, digno, austero, extremamente preocupado com o dinheiro público e com a boa condução da administração. A estima entre homens nunca é gratuita, baseia-se em algumas razões poderosas, como essas a que acabo de me referir.

Pergunta-se por que o DASP teve tão grande projeção na vida administrativa do país. Uma das razões é que, naquela época, fomos pioneiros na implantação de um sistema de aperfeiçoamento de pessoal. Obtivemos do presidente Vargas uma lei mandando aperfeiçoar no estrangeiro os funcionários públicos, dentro de um programa anualmente estabelecido e orientado pelo DASP, que tinha um delegado seu residindo no estrangeiro para acompanhar os estudos de cada um desses funcionários, mantê-los lá estudando, ou mandá-los de volta quando eles não correspondessem aos fins desejados. Graças a isso, o DASP chegou a ter em seu quadro um grande número de funcionários altamente qualificados, que acabaram depois indo servir ou em altas funções do governo ou nos organismos internacionais, principalmente nas Nações Unidas, onde havia um grande número de brasileiros, com uma nítida maioria de funcionários do DASP.

Luiz Simões Lopes com integrantes do primeiro grupo de funcionários públicos enviados pelo DASP para se aperfeiçoarem nos Estados Unidos. 1939

Esses funcionários eram motivados por um intenso amor à causa pública. Eram arautos de uma idéia nova. Levavam com eles, por onde andassem, uma mensagem de confiança na melhoria cada vez maior dos métodos de trabalho e na orientação governamental. Isso porque éramos todos, então, paladinos de uma causa e não aceitávamos nunca as nossas vitórias como finais, mas sempre achávamos que ainda devíamos muito, tínhamos o dever de dar, cada vez mais, novas contribuições à administração pública do nosso país. Assim vivemos aqueles longos anos de luta e de sofrimento, gratificados pela convicção íntima de que estávamos fazendo algo de muito importante para a vida do país.

Primeira turma de técnicos formados pelo DASP. 1941

Nos países ricos, desenvolvidos e poderosos, embora a administração pública seja sempre muito importante, não tem a mesma importância que tem nos países pobres, nos países em desenvolvimento. Isso porque a atuação privada, a vida empresarial é tão poderosa nos países ricos, que mesmo que o governo seja medíocre, a iniciativa privada, sozinha, é capaz de levar o país para frente, promovendo o desenvolvimento, através do trabalho, da maior produtividade, de melhores salários, enfim, de um melhor padrão de vida. Mas nos países pobres e subdesenvolvidos, onde o subdesenvolvimento nunca é só econômico, mas vem sempre acompanhado de um cortejo de outros males, como o subdesenvolvimento cívico, político e social, o governo tem uma imensa tarefa, muito mais importante, a realizar.

NOTA

[1] A *Revista de Direito Administrativo* passou para a Fundação Getulio Vargas após a queda do governo Vargas.

"O SENHOR NÃO PEDIU E FEZ MUITO BEM EM NÃO PEDIR"

Até a criação do DASP, não havia um estatuto do funcionário público. Existia, havia muitos anos, na Câmara dos Deputados, um projeto de estatuto, sem que nunca tivesse sido votado. Frente a essa realidade, uma das coisas mais importantes que o DASP fez, pouco tempo depois da sua criação, foi o Estatuto do Funcionário Público. Naturalmente que não havia essa desordem que há hoje, por exemplo, em que você tem ao lado do pessoal estatutário uma porção de gente nomeada pelas leis trabalhistas. Isso é uma confusão que ninguém pode permitir em um país organizado. Os funcionários têm que ter todos a mesma classificação, os mesmos direitos e deveres.

O estatuto feito pelo DASP foi muito bem recebido pelos funcionários, assegurando-lhes os direitos já conquistados e estabelecendo uma série de princípios. Exemplificando, o funcionário que fizesse pedidos políticos ou que fosse apoiado por políticos para melhorar sua situação funcional era punido pelo estatuto. Lembro-me muito bem que o Dr. Getúlio recebia com freqüência muitas cartas de agradecimento. Era gente do interior, funcionários que viviam nos pequenos estados e que não conheciam bem as normas, dizendo: "Sr. Presidente, fiquei muito surpreendido por ver que o senhor teve a bondade de me promover. Eu não pedi nada a ninguém, entretanto, o senhor me promoveu. De fato, eu sou o

Ambiente de trabalho no DASP. 1938 /1945

mais antigo dessa carreira". Outras vezes diziam: "Tenho me esforçado muito..." Isso porque havia dois tipos de promoção: por tempo de serviço e por mérito. Eu respondia sempre muitas dessas cartas, ou quase todas, e tinha mais ou menos um chavão: "O senhor não pediu e fez muito bem em não pedir porque, se pedisse, o Estatuto dos Funcionários Públicos o puniria. O senhor seria punido por ter pedido a sua promoção ou ter arranjado um pedido político para ser promovido. Entretanto, o Presidente teve muita satisfação em promovê-lo, porque realmente verificou-se que o senhor era o mais antigo, ou um funcionário de mérito..." Conseguimos introduzir os princípios sadios do DASP em muitos estados e municípios.

  Esse êxito que o DASP efetivamente teve foi graças ao apoio do Dr. Getúlio. Mas também, se não fosse assim, eu não ficaria. Essa era a minha vantagem: eu estava disposto a sair a qualquer momento. Se as coisas não corressem como eu imaginava, eu saía. Tinha meu emprego, uma coisa de que eu gostava, que era o Serviço Florestal. Mas tudo foi sendo feito e, realmente, o DASP correspondeu muito bem ao que se esperava dele.

  Certa vez, pedi ao governo americano que me mandasse um especialista de uma de suas boas universidades, capacitado em administração pública ou privada, de preferência, pública. Mandaram um homem de primeira ordem para examinar o DASP, para conhecer o seu funcionamento, detectar os problemas e orientar sobre como eliminá-los. Este homem, que anos mais tarde voltou ao Brasil como professor da Escola de Administração da Fundação Getulio Vargas, conversou muito comigo durante os vários meses em que aqui esteve. Tive uma excelente impressão dele, de sua correção, sem nenhuma intenção de fazer elogios. Certa ocasião eu lhe disse: "Não quero saber de elogios, mas sim saber o que está errado na nossa orientação, pois o senhor é um homem experiente e vem de um país onde a questão do serviço público está bem avançada". Ao final, ele escreveu um artigo para uma revista especializada americana que era um grande relatório sobre o DASP, sem aquela coisa de elogios, de que eu não gostava. Fez, sim, um exame aprofundado favorável à atuação do DASP, afirmando que no caso brasileiro o caminho era aquele mesmo, diferente da solução encontrada nos Estados Unidos e na Europa. Mais tarde pude constatar o quanto era verdadeiro o que ele dizia, ao visitar, por mais de uma vez, a Escola Nacional de Administração[1] em Paris. Na ocasião, os cursos da ENA eram exigidos pelo governo francês para a admissão em diversos cargos públicos daquele país. Todavia, a situação brasileira era, de fato, muito diferente da francesa, pois o pessoal que cursava a ENA já tinha uma boa formação escolar, com um ensino secundário de primeira ordem.

NOTA

[1] Ecole Nationale d'Administration.

Time de futebol do DASP no campo do América Football Club. Rio de Janeiro, 1944

ADMINISTRAÇÃO: BUROCRACIA, TECNOCRACIA E CREDIBILIDADE

A burocracia é indispensável, porém é preciso agilizá-la. A burocracia é um instrumento de trabalho que ficou com essa conotação verdadeiramente triste que se tem hoje quando se fala em "um burocrata". Agora estão dando essa mesma conotação aos tecnocratas. E eu pergunto: como é que se pode governar sem tecnocratas? Alguém pode governar hoje, no mundo moderno, sem tecnocratas? Os governos precisam deles e precisarão cada vez mais. Naturalmente, tecnocratas de alta categoria. O que é Roberto Campos, por exemplo? É um tecnocrata antes de tudo, mas é, ao mesmo tempo, um homem de Estado.

Constantemente encontro pessoas que acompanharam mais ou menos este movimento todo e que me falam com grande entusiasmo do DASP. Fico até admirado de ver pessoas que me parecem desapercebidas do problema afirmarem: "Ah, naquele tempo era diferente, tudo era tratado de uma maneira séria e rápida. O DASP tinha uma palavra só". Isso tudo é muito importante na administração. A administração precisa ter credibilidade, precisa ter honestidade de propósitos, no modo de tratar a coisa pública. Credibilidade total.

O grande aporte que o DASP deu à administração pública brasileira foi o ingresso de um grupo de pessoas qualificadas nas diversas carreiras existentes, e depois o seu aperfeiçoamento. Por exemplo, a economia era muito incipiente. O primeiro economista mandado para o estrangeiro pelo programa do DASP foi Octavio Gouvêa de Bulhões, que acabou ministro de Estado. O DASP mandava para o exterior, para se qualificarem, profissionais de várias áreas, não só administradores e técnicos de administração. Isso porque, em uma organização precária, se as pessoas são capazes e boas, se obtém algum resultado. Já em uma organização teoricamente primorosa, mas com gente incompetente, não se obtém nada.

Técnicos estrangeiros recebidos por um dos diretores do DASP, Felinto Epitácio Maia, em pé ao centro. 1944

Cartaz da Divisão de Aperfeiçoamento do DASP. 1942

BIBLIOTECAS E ARQUIVOS

De longa data venho dando prioridade às bibliotecas e aos arquivos. No DASP, criei as carreiras de bibliotecário e de arquivista. Regulamentamos os cursos específicos, fizemos concursos, mandamos muitos bibliotecários para estudar no estrangeiro. Criamos, ainda, o Serviço de Intercâmbio de Catalogação (SIC)[1] e o Catálogo Coletivo, instrumentos indispensáveis à organização dos sistemas nacionais que, então, visávamos.

Criamos a primeira biblioteca em estilo moderno (americano). Mandamos o arquiteto Otto Raulino estudar instalações de bibliotecas e arquivos nos Estados Unidos e reorganizamos as bibliotecas do governo, até contra a vontade de ministros, mas apoiados pelo presidente Getúlio Vargas. Foi o caso do Ministério da Fazenda. Contra o parecer do ministro, foi construída e organizada

Luiz Simões Lopes com bibliotecárias do DASP. 1938 / 1945

a Biblioteca da Fazenda, nos moldes da do DASP, e criada a carreira de bibliotecário, com concursos etc., pois título, somente, não dava acesso ao serviço público. Eu próprio visitei a Biblioteca do Congresso nos Estados Unidos e comprei uma coleção de mais de um milhão de fichas bibliográficas para o DASP.

Ainda no DASP, havíamos conseguido autorização do presidente Vargas para a construção, em frente ao Ministério da Fazenda, de um imenso prédio, em duas alas, que abrigaria a maior parte do acervo da Biblioteca Nacional (sem desativar o prédio antigo) e o Arquivo Nacional.[2]

Saído do DASP, continuei a batalha na Fundação Getulio Vargas. Organizei uma biblioteca excelente, chamei os melhores especialistas, e hoje já estamos na era da informática. Depois de anos de estudo, fizemos o Projeto Bibliodata-Calco,[3] entrando nos modernos processos que nos permite a computação.

NOTAS

[1] O serviço de Intercâmbio de Catalogação (SIC) foi criado em 1942 e funcionava no DASP. Tinha como finalidade propiciar ajuda mútua entre as bibliotecas do país a partir do modelo oferecido pela Biblioteca do Congresso dos Estados Unidos (Library of Congress). A esse respeito ver www.fgv.br/bibliodata.

[2] Esse projeto não se realizou.

[3] A Rede Bibliodata/CALCO foi criada pela FGV em 1980, com o objetivo de manter um formato padrão de descrição bibliográfica, compatível internacionalmente, capaz de viabilizar o intercâmbio de registros; elaborar um Catálogo Coletivo que incluísse a maior parte da produção bibliográfica brasileira e desenvolver o processamento técnico cooperativo. Os estudos iniciais para a implantação do Bibliodata/CALCO datam de 1976. A esse respeito ver www.fgv.br/bibliodata.

5

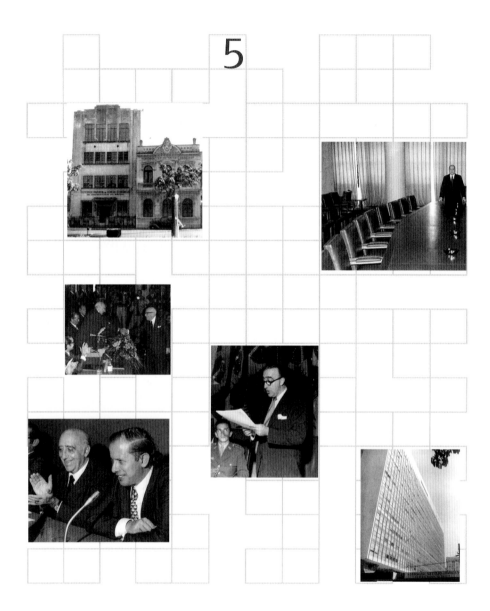

FUNDAÇÃO GETULIO VARGAS

*A*inda à frente do DASP, Luiz Simões Lopes concebeu a idéia de criar uma instituição que se dedicasse ao estudo e ao ensino da administração. Sugeriu essa idéia ao presidente Vargas, que a aprovou e autorizou o DASP, por decreto promulgado no dia 14 de julho de 1944, a tomar as medidas necessárias para pô-la em prática. Em 20 de dezembro do mesmo ano, foi assim criada no Rio de Janeiro a Fundação Getulio Vargas, com o objetivo principal, segundo seus estatutos, de empreender estudos e pesquisas no campo da administração pública e privada e promover a formação de pessoal para o exercício dessas atividades. Previa-se também a possibilidade de a instituição planejar ou organizar serviços e empreendimentos em diversas áreas, assumindo o encargo de executá-los ou prestar assistência à sua execução. A instituição seria, finalmente, um centro de documentação, destinado a sistematizar e divulgar conhecimentos ligados à sua atuação. Para que a entidade ficasse a salvo de influências políticas, foi escolhida a forma de fundação, com objetivos de interesse público mas com personalidade jurídica de direito privado.

A FGV entrou em funcionamento em 1945, e Luiz Simões Lopes foi eleito seu presidente pela assembléia geral, órgão deliberativo de caráter soberano composto de doadores, fundadores e representantes das entidades que contribuíram para a criação da instituição. Após a deposição do presidente Vargas, em 29 de outubro de 1945, contudo, Simões Lopes afastou-se de suas funções e passou uma temporada no Sul. A reassumir a presidência da FGV em 1946, para a qual foi várias vezes reeleito, retomou os objetivos originais da instituição e conduziu em seu interior uma série de iniciativas pioneiras.

A primeira preocupação da FGV foi oferecer cursos técnicos para pessoal administrativo. Já em 1946 começou a reunir-se na Fundação um núcleo de economistas liderado por Eugênio Gudin, interessado em discutir os problemas econômicos do país e em levantar e divulgar dados e indicadores confiáveis. No ano seguinte, formou-se um núcleo voltado para o estudo do direito público, sob a liderança de Themístocles Cavalcanti, e foi criado o primeiro centro de psicologia aplicada do Brasil, o Instituto de Seleção e Orientação Profissional (ISOP), dirigido por Emilio Mira y López. Em 1951 foi criado o Instituto Brasileiro de Economia (IBRE), que integrava os centros de pesquisas econômicas já existentes, e em 1952 foi fundada a Escola Brasileira de Administração Pública, que hoje inclui o ensino da administração de empresas (EBAPE). Em 1954 surgiu a Escola de Administração de Empresas de São Paulo (EAESP), e em 1966, a Escola de Pós-Graduação em Economia (EPGE). Outra unidade importante da FGV foi o Instituto de Estudos Avançados em Educação (IESAE), de 1971. Finalmente, em 1973, foi criado o Centro de Pesquisa e Documentação de História Contemporânea do Brasil (CPDOC).

Ao longo dos quase 50 anos em que exerceu a presidência da Fundação Getulio Vargas, Luiz Simões Lopes ocupou também diversos cargos nas áreas pública e privada. Um dos mais importantes foi o de diretor da Carteira de Exportação e Importação (Cexim) do Banco do Brasil, de fevereiro de 1951 a agosto de 1952, durante o segundo governo Vargas. Foi também membro de vários conselhos *e associações, e representante do Brasil em comissões internacionais. Orgulhava-se especialmente da nomeação feita pelo presidente Castelo Branco, em março de 1967, para representar o Brasil na Comissão Mista Brasileiro-Uruguaia para o Desenvolvimento da Bacia da Lagoa Mirim, que beneficiou, entre outras cidades, sua Pelotas natal. Como seu pai, presidiu a Sociedade Nacional de Agricultura, de 1960 a 1979.*

Em abril de 1993, aos 90 anos de idade, Luiz Simões Lopes deixou a presidência da Fundação Getulio Vargas, onde foi substituído por Jorge Oscar de Mello Flôres, e recebeu o título de presidente de honra da instituição. Faleceu no Rio de Janeiro no dia 20 de fevereiro de 1994.

FUNDAÇÃO GETULIO VARGAS: CONCRETIZAÇÃO DE UM IDEAL[1]

Tive uma longa experiência com o serviço público. De 1936 a 1945 dirigi organismos como o Conselho Federal do Serviço Público Civil, e em seguida o DASP, e organizei todos os concursos. Durante todo esse tempo, verifiquei uma coisa bastante triste: das 200 e tantas mil pessoas que fizeram concursos, só conseguimos aprovar 10%. Em outras palavras, as pessoas eram muito mal preparadas – e acho que hoje são piores, mais ignorantes ainda. Não sabiam português, matemática nem se fala, e reprovávamos em massa aquela gente toda. E eu sempre tive a idéia de que o Brasil precisava melhorar a sua administração pública. Esse era o meu sonho, e só havia uma maneira de realizá-lo: criando escolas de administração. Naturalmente, quando se fala em administração pública, se pensa também nas entidades privadas, que da mesma forma precisam de gente competente. Comecei então a imaginar a criação de uma entidade destinada a melhorar o nível intelectual dos brasileiros no campo das ciências sociais, com preponderância para a administração, pública e privada, e para outra coisa que está muito ligada à administração, e que era muito necessária, porque na época praticamente não existia no Brasil: a economia. Isso era o básico. Depois, o que mais se pudesse fazer, se faria.

Surgiu então a idéia de criar uma instituição, e eu disse ao Dr. Getúlio: "Acho que não devemos estabelecer desde já o tipo de

Em 4 de julho de 1944

Excelentíssimo Senhor Presidente da República

A fase de intensa reorganização do trabalho processada no país no último decênio veio salientar, de uma parte, as grandes e reais possibilidades da gente brasileira na conquista de novos objetivos, de novas formas e de novos métodos de produção; de outra parte, veio evidenciar, no entanto, que essa reorganização, para completo desenvolvimento, com o sentido de coordenação que lhe é indispensável, está a carecer do estudo, da divulgação e do ensino sistemático dos problemas de administração, nos mais variados níveis e setores de aplicação.

(...)

13. Num país como o nosso, em que tudo depende primàriamente da própria educação do povo, uma entidade do tipo indicado produzirá, necessàriamente, os mais compensadores frutos, podendo acarretar uma verdadeira "revolução industrial", dentro da própria "revolução" que atualmente se processa.

14. Assim entendendo, tenho a honra de solicitar de V.Exª a indispensável autorização para promover a criação da entidade em apreço, submetendo a V.Exª o projeto de decreto-lei anexo.

Aproveito a oportunidade para renovar a V.Exª os protestos do meu mais profundo respeito.

Presidente

Trechos da carta de Luiz Simões Lopes ao presidente Vargas, solicitando a criação da instituição que viria a ser a Fundação Getulio Vargas. 4 de julho 1944

Decreto-lei n. 6693 de 14 de julho de 1944

Dispõe sôbre a criação de uma entidade que se ocupará do estudo da organização racional do trabalho e do preparo de pessoal para as administrações pública e privada.

O Presidente da República,

usando da atribuição que lhe confere o artigo 180 da Constituição,

DECRETA:

Art. 1º - O Presidente do Departamento Administrativo do Serviço Público fica autorizado a promover a criação de uma entidade que se proponha ao estudo e à divulgação dos princípios e métodos da organização racional do trabalho e ao preparo de pessoal qualificado para a administração pública e privada, mantendo núcleos de pesquisas, estabelecimentos de ensino e os serviços que forem necessários, com a participação dos órgãos autárquicos e paraestatais, dos Estados, Territórios, do Distrito Federal e dos Municípios, dos estabelecimentos de economia mista e das organizações privadas.

Art. 2º - O Presidente do Departamento

Departamento Administrativo do Serviço Público designará uma Comissão para auxiliá-lo no desempenho das atribuições que lhe são cometidas por esta lei.

Parágrafo Único - Caberá a esta Comissão estudar a forma jurídica mais conveniente à entidade a que se refere esta lei e promover a satisfação das providências legais necessárias à aquisição de personalidade jurídica, elaborando, ainda, o projeto de Estatutos que, depois de submetido aos interessados, deverá ser aprovado pelo Ministro da Justiça, mediante a expedição de portaria.

Art. 3º - O Presidente do D.A.S.P. representará o Governo Federal nos atos de constituição da entidade.

Art. 4º - O presente decreto-lei entra em vigor na data da sua publicação.

Art. 5º - Revogam-se as disposições em contrário.

Rio de Janeiro, em 14 de julho de 1944, 123º da Independência e 56º da República.

Decreto-lei de criação da Fundação Getulio Vargas.
14 de julho de 1944

organização que vamos criar. Vamos fazer uma coisa cheia de nuances, que possa mudar de um lado para o outro. Proponho que o senhor faça um decreto autorizando o presidente do DASP a promover a criação de uma instituição com tais e tais fins, mas deixando a forma, a estrutura da instituição, um pouco vaga". O Dr. Getúlio assinou esse decreto, elaborado por nós, com uma autorização tão ampla que eu podia escolher a forma que quisesse. Poderia fazer uma fundação, uma autarquia, isso ou aquilo. Mas eu já tinha mais ou menos na cabeça que a melhor idéia era criar uma fundação, porque eu queria fazer o que consegui fazer, ou seja, trazer para cá as empresas privadas. Fiz uma instituição que na realidade era criada e mantida pelo governo, com dinheiro do governo, mas, ao mesmo tempo, criei uma assembléia geral. Falei com cerca de 500 pessoas, físicas e jurídicas, da melhor categoria no Brasil, e 300 e tantas concordaram em pagar uma contribuição para serem membros da assembléia.

Como eu não queria um organismo claramente estatal, dei uma forma dupla à instituição. Criei uma coisa um pouco esquisita: uma fundação que, finalmente, era do governo, mas parecia privada, já que o seu órgão supremo era a assembléia geral. Desde 1944 reunimos anualmente a nossa assembléia geral – alguns já morreram, mas outros entraram – e apresentamos as nossas contas. É a assembléia geral que examina as contas, elege o presidente, o conselho diretor etc.

Na montagem da assembléia geral, fui eu que convidei, falei pessoalmente com as pessoas, expliquei o que pretendia fazer, e todos concordaram. Naquele tempo o Dr. Getúlio tinha o país nas mãos, e eu era presidente do DASP, era quem fazia o orçamento, de maneira que eles sabiam que eu representava o governo. Empresário não quer outra coisa senão apoio do governo.

O governo abriu um crédito para a criação da instituição, coisa relativamente modesta, porque não era necessário muito dinheiro para isso. Depois, passou a haver subvenções anuais. O governo dava e dá dinheiro para muitas coisas, instituições beneficentes, isso e aquilo, e passou a dar também para a Fundação. Convidei, inclusive, para vir para a Fundação um grande número de pessoas que eram antigetulistas, como Eugênio Gudin, como o irmão do Armando Sales, que foi governador de São Paulo e candidato à presidência da República. Esses e outros eram adversários do Dr. Getúlio, mas todos acharam que era justo dar o nome de Getúlio Vargas à Fundação, porque sem o Dr. Getúlio não haveria a Fundação. No dia da votação para a escolha do nome, não houve nenhum voto contra. Dr. Getúlio fez muito pela Fundação. Assinou o decreto-lei, deu o primeiro dinheiro e incluiu a Fundação no orçamento da República. Mas depois dele veio o Linhares,[2] e passamos por uma grande crise.

Eu estava começando os trabalhos. Primeiro levei um tempo para comprar o terreno aqui em Botafogo, fazer a nossa instalação modesta, ter um lugar para começar a funcionar. Escolhi também uma pessoa para superintendente. É a tal história: eu sempre andava atrás de talentos. Indicaram-me Paulo Assis Ribeiro, que eu não conhecia pessoalmente, mas sobre quem sempre ouvia muitos elogios – quem sabe mandados espalhar por ele mesmo: "Pessoa extraordinária, homem inteligentíssimo, preparadíssimo, muito correto, muito bom"... No princípio fiquei muito satisfeito com ele, de fato era muito inteligente e capaz. Mas não tinha o

Primeira sede da Fundação Getulio Vargas, na Praia de Botafogo,186, Rio de Janeiro.

menor caráter. Como não tinha quase dinheiro, deixei que morasse aqui no terreno da Fundação com a mulher.[3] Pois ele despachava comigo de manhã e à noite reunia o pessoal em casa e, com muita manha, com muito jeito, pregava que eu devia ser afastado da Fundação porque era getulista! A única coisa que ele dizia contra mim era isso, que eu era getulista, que o Dr. Getúlio tinha sido tirado do governo, e que portanto não convinha eu ser presidente da Fundação. Começou a fazer campanha contra mim e em seguida cometeu uma série de irregularidades aqui dentro.

    O problema foi que nessa época eu estava tão esgotado, e também tão chateado daquela batalha toda, que fiquei querendo sair daqui por uns tempos. Fazia oito anos que eu não ia à minha cidade natal, onde até hoje tenho a minha fazenda, e estava louco para ir para a minha terra. Fui para o Rio Grande e lá passei seis meses. O vice-presidente da Fundação era João Carlos Vital, homem de confiança do Dr. Getúlio e minha também, boa pessoa. Mas aqui na Fundação ele se portou muito mal. Nunca cuidou da Fundação, assumiu a presidência apenas teoricamente e deixou tudo nas mãos do Paulo Assis Ribeiro.

    Paulo Assis Ribeiro e um grupo que ele trouxe para cá, de sujeitos inteiramente desconhecidos, fizeram coisas incríveis. Por exemplo, sabiam que uma pessoa de uma universidade qualquer tinha feito um estudo importante; davam-lhe emprego aqui e publicavam o trabalho como sendo feito pela Fundação. A Fundação estava-se criando, como podia já ter tantos trabalhos assim?! Aí é que eu culpo o Vital, que não podia ter permitido essas loucuras. Inventaram coisas aqui na Fundação inteiramente absurdas, para dar emprego aos amigos.

Essa luta na Fundação durou algum tempo. Eles me combateram na Câmara dos Deputados, pelos jornais, diziam que eu era getulista etc.[4] Quando os jornalistas vinham me perguntar, eu dizia: "Sou getulista! Entrei com ele e fico com ele. Podem pôr aí". Eles ficavam danados comigo. Lembro que uma vez, quando estava acesa a luta, eles vieram me propor — veja que gente canalha — o seguinte: me prestariam uma grande homenagem pública, fariam um jantar, uma coisa assim, e eu lhes entregaria a Fundação. Não aceitei e entrei de sola em cima deles. A reação foi: "Então, pedimos demissão". Retorqui: "Pois então, estão todos demitidos! Quem estiver de acordo com vocês está demitido!" Trouxeram uma lista com 200 nomes. Eu disse: "Demito os 200!" Demiti, fiquei com oito funcionários, e a primeira coisa que fiz foi pôr em ordem a contabilidade.[5]

Nesse momento já era o governo Dutra. Um dia, recebi um telefonema do general Djalma Poli Coelho, chefe do Serviço Geográfico do Exército, dizendo: "Dr. Simões Lopes, o presidente Dutra me encarregou de verificar o que está acontecendo na Fundação Getulio Vargas. O senhor venha ao Ministério da Guerra conversar comigo". Respondi: "Não, senhor. O senhor quer conversar sobre a Fundação? Então venha à Fundação Getulio Vargas, que o receberei com muito prazer. Fora daqui, não vou". Ele ficou bravo comigo e bateu o telefone.

Passados alguns dias, pedi uma audiência ao Dutra e disse: "Aconteceu isso assim, assim, na Fundação; eram 208 funcionários, demiti 200 e estou com oito. A contabilidade está em dia, está tudo organizado. Venho lhe entregar a Fundação. A eles não entrego, mas ao senhor, que é o presidente da República, entrego. O se-

O presidente Eurico Gaspar Dutra (de chapéu na mão), o governador Edmundo de Macedo Soares (ao seu lado, de óculos) e Luiz Simões Lopes (ao fundo, entre os dois), em visita ao Colégio Nova Friburgo, da Fundação Getulio Vargas. Nova Friburgo (RJ), 11 de fevereiro de1950.

Luiz Simões Lopes discursa durante cerimônia de inauguração dos cursos de administração da Fundação Getulio Vargas. Novembro de 1951

nhor escolha uma pessoa da sua confiança e me diga quem é, que eu passo a Fundação. Eu não quero mais". Ele perguntou por quê, e respondi: "Em primeiro lugar, porque o senhor acabou com a Fundação Getulio Vargas". Ele: "Eu?!" Continuei: "O senhor, sim. O senhor assinou um decreto suprimindo a subvenção à Fundação Getulio Vargas. Portanto, acabou com ela". Ele pensou um pouco e respondeu: "Não quero acabar com a Fundação Getulio Vargas e quero que você continue lá". Eu aí disse: "Fico nas seguintes condições: primeiro, o senhor assina um decreto revogando o decreto que retirou a subvenção da Fundação. Segundo, o senhor assina um segundo decreto abrindo um crédito para a Fundação poder pagar os atrasados". Ele concordou e, como a subvenção era do Ministério da Educação, disse que eu podia procurar o ministro. Arrematei: "Então, tenho um terceiro pedido: o senhor telefona para o ministro da Educação e para o ministro da Fazenda e diz que vou procurá-los em seu nome". Ele aceitou e, na minha frente, telefonou para os dois. Fui aos ministros, ajudei a elaborar os decretos, e eles os levaram para o Dutra, que os assinou.[6] Dutra foi o único presidente da República que teve o seu retrato na galeria da Fundação. Mas só quando saiu do governo. Enquanto estava no governo, não.

No começo, nós tínhamos um centro de ensino muito útil no centro da cidade.[7] Eu também me preocupava com os aspectos sociais, sabia que há muita gente que trabalha o dia todo e só pode estudar a partir das seis da tarde, e então montei cursos mais ou menos noturnos, que iam das seis às 10 da noite.[8] Por exemplo, fizemos o melhor curso de secretariado que havia no Brasil. Eu trouxe uma escola dos Estados Unidos, a diretora inclusive. Ela fechou a sua escola lá e veio montá-la aqui. Eu vi o que as datilógrafas americanas faziam por minuto, o número de batidas, comparei com o Brasil, e vi que a situação aqui era uma desgraça. Depois tivemos uma brasileira que virou uma datilógrafa extraordinária e continuou o trabalho da americana.

Aula de datilografia do curso de secretariado da Escola Técnica de Comércio da Fundação Getulio Vargas na década de 1970. Em pé, no centro, a professora Isaura Braga, citada por Simões Lopes. À direita, a coordenadora Flávia Lima.

Comecei por aí, com esses cursos. Depois fui me preparando para a grande jogada que era fazer um curso de administração e um curso de economia, coisa que praticamente não existia no Brasil. O Dr. Gudin, Bulhões e outros eram professores de uma vaga escola de economia que havia aí, muito desmoralizada.[9] Em matéria de administração não havia nada, a não ser os cursos que o DASP deu durante muitos anos. Cheguei a ter oito mil alunos no DASP, mandei muita gente estudar no estrangeiro, já tinha experiência na matéria. Depois, os professores do DASP se tornaram meus professores aqui na Fundação. A nossa Escola Brasileira de Administração Pública foi a primeira da América Latina inteira. Naquela época só havia um economista de valor no Brasil, que era Eugênio Gudin, e eu o trouxe para ser fundador e membro do conselho diretor. Era um homem altamente inteligente, um engenheiro que começou a estudar economia sozinho, de maneira diletante. Veio para a Fundação e aqui morreu, com mais de 100 anos de idade, sempre membro do nosso conselho. Com ele trouxemos para cá a escola de economia, que estava quebrada mas tinha bons professores, como o próprio Gudin e Bulhões. Melhoramos a escola, demos um aspecto diferente, escolhemos as melhores pessoas que havia e começamos a preparar a biblioteca para que se pudesse estudar. Na realidade, esse grupo de economistas que ainda hoje está na ativa foi todo formado por iniciativa da Fundação Getulio Vargas. Depois, a Fundação abriu mão da sua escola de economia, que dava curso de graduação, passou-a para outras mãos, e fizemos aqui um curso de pós-graduação, já para economistas.[10] Mas a ignorância é tanta que já tivemos 500 candidatos para 20

Luiz Simões Lopes cumprimenta Eugênio Gudin, que recebe o título de Doutor *Honoris Causa* da Escola de Pós-Graduação em Economia da Fundação Getulio Vargas. À mesa: João Paulo dos Reis Veloso (2º), Mario Henrique Simonsen, Julian Chacel. 12 de julho de 1974

vagas, e foi difícil escolher 20, de tão ruim que é o ensino aí fora. O pessoal que afinal é selecionado vem para cá fazer os cursos de pós-graduação, que desde o princípio foram dirigidos pelo professor Mario Henrique Simonsen, incontestavelmente o maior economista do Brasil. É um homem altamente inteligente, com formação no estrangeiro, autor de vários livros. Infelizmente, alguns eu não consigo entender porque são pura matemática superior, assunto que não conheço.

Luiz Simões Lopes e Mario Henrique Simonsen durante aula inaugural da Escola de Pós-Graduação em Economia da Fundação Getulio Vargas. 12 de julho de 1974

Para fazer as escolas de administração, consegui duas coisas diferentes. Primeiro, uma missão mandada pelas Nações Unidas. Obtive, gratuitamente, uma equipe de professores para a Fundação. Eram excelentes, mas não havia unidade de pensamento. Um era da África do Sul, outro era francês, outro alemão, outro belga. Não serviam bem para o que eu queria. Eu queria uma gente que tivesse mais ou menos a mesma orientação no ensino da administração pública e privada. Consegui então duas novas equipes. Para a Escola de Administração Pública, no Rio, vieram professores de uma universidade dos Estados Unidos famosa por seus bons cursos, e para a Escola de Administração de Empresas, em São Paulo, vieram outros, de outra universidade americana também famosa. Essas equipes tinham cerca de 10 pessoas cada uma e ficaram por aqui uns 10 anos. Nesse meio-tempo, abri concursos, selecionei professores e mandei-os fazer cursos nas universidades às quais aquelas equipes estavam ligadas. A substituição foi-se dando, então, normalmente; os alunos que vinham dos Estados Unidos iam assumindo as cadeiras que os americanos deixavam. Criei no Brasil a coisa mais moderna que havia, tão moderna quanto nos Estados Unidos. E isso não custou nada para a Fundação, porque o governo americano tinha um programa de ajuda à América Latina.[11]

Graças, depois, ao grande homem que foi o presidente John Kennedy, e ao dinheiro que ele deu aos países latino-americanos, inclusive o famoso dinheiro do trigo, pude construir o edifício-sede da Fundação no Rio e o da Escola de Administração de Empresas em São Paulo. Aliás, tive o grande prazer e honra de surpreender a embaixada americana quando comuniquei que tinha posto o busto do Kennedy na entrada da nossa escola em São Paulo. Fiz isso contra a opinião dos brasileiros, que diziam: "Você vai botar o busto de um americano aqui? Os estudantes vão quebrar, vão ficar contra a Fundação Getulio Vargas..." Respondi: "Pois se ficarem, eu venho para cá defender o busto, defender o nome dele!" Mas não aconteceu nada disso. A escola está lá há muitos anos e funciona muito bem.

Assinatura do acordo de assistência técnica entre a FGV e as Nações Unidas. Sentados: William E. Warne, Rafael da Silva Xavier e Luiz Simões Lopes; em pé: Elwyn A. Mauck (1º), Leonard H. Rall (3º), Flávio Penteado Sampaio (5º) e Luiz Alves de Mattos (6º). 21 de junho de 1956

Edifício, projeto de Oscar Niemeyer, sede da Fundação Getulio Vargas, na Praia de Botafogo,190, inaugurado em dezembro de 1968.

Desde o início se pensou em levar a Escola de Administração de Empresas para São Paulo, porque São Paulo era o grande centro empresarial do Brasil. Como só podíamos fazer uma escola de administração de empresas, não era justo que fizéssemos em outro lugar. Além disso, eu pensava que ia ter ajuda financeira dos paulistas. Fiz uma reunião em São Paulo, que durou quatro dias, com 400 empresários, para estudar a criação de uma escola de administração de empresas.[12] O pretexto era pedir a opinião deles, mas na verdade eu não queria a opinião, queria o dinheiro deles. Não só eles concordaram com tudo e assinaram documentos, como as duas entidades de classe, a Federação das Indústrias e a Federação do Comércio, foram comigo à presença do Dr. Getúlio Vargas — que já era presidente outra vez — declarar oficialmente que ambas manteriam a escola. Nunca deram um centavo, nem os empresários nem as entidades de classe.

A Fundação afinal conseguiu o apoio do governo do estado, apesar de ele já ter a sua universidade. Fizemos um acordo: o governo manteria a escola, e nós criaríamos lá, ao lado do curso de administração de empresas, um curso de administração pública, o que fizemos.[13] A escola de São Paulo é diferente da do Rio: não é apenas de pós-graduação, é também de graduação. Acho que, no futuro, à medida que melhorar o ensino de administração de empresas em São Paulo, poderemos transformar nossa escola lá em escola unicamente de pós-graduação.[14] A Fundação deve ficar nos mais altos níveis de ensino que houver no mundo. O Brasil um dia há de ser alguma coisa nesse mundo, e para isso é preciso preparar gente. Sem gente competente não se faz nada.

Hoje posso dizer que estou feliz. Acho que a idéia da Fundação Getulio Vargas foi boa, estou aqui esses anos todos, trabalhando, e não vejo nada que possa reprovar minha atitude. Acho que fiz muito bem, que o tempo foi bem aproveitado, e vou morrer satisfeito porque esse grande sonho, eu consegui realizar. Agora, se ele vai adiante, não sei, porque não tenho força política para dar uma segurança maior à Fundação Getulio Vargas. Nunca fui político, não tenho vocação. Quando vi a política de perto, fiz a mim mesmo a promessa de que nunca seria político.

Alzira Vargas do Amaral Peixoto, Regina e Luiz Simões Lopes, na FGV, por ocasião do descerramento de placa em sua homenagem. 2 de junho de 1973

No salão da presidência da Fundação Getulio Vargas. 1981

NOTAS

[1] *Fundação Getulio Vargas – concretização de um ideal* é também o título do livro organizado por Maria Celina D'Araujo em comemoração dos 55 anos da instituição (Rio de Janeiro: Editora FGV, 1999. 348p. il.). O presente texto foi extraído do capítulo 1, "Origens da Fundação Getulio Vargas", baseado por sua vez na entrevista concedida por Luiz Simões Lopes a Celina Vargas do Amaral Peixoto, em 1990.

[2] José Linhares, presidente do Supremo Tribunal Federal, assumiu a presidência da República após a deposição de Vargas em 29 de outubro de 1945 e exerceu o cargo até a posse de Eurico Gaspar Dutra, em 31 de janeiro de 1946.

[3] Paulo de Assis Ribeiro morava nas dependências do Colégio Aldridge, adquirido pela Fundação Getulio Vargas no início de 1945.

[4] Algumas notícias da época: "Crise numa instituição técnico-científica", *Jornal do Brasil*, 7 de julho de 1946; "Uma Fundação sem fundamentos... A volta do senhor Simões Lopes acabou dissolvendo a Fundação— quem terá razão", *Resistência*, 9 de julho de 1946; "Repercute na Assembléia a crise da Fundação Getulio Vargas", *Diário Carioca*, 9 de julho de 1946.

[5] Os registros da FGV não discriminam as pessoas demitidas. Segundo esses registros, em meados de 1946 ainda havia 74 funcionários na FGV, mas há informações de que houve mais demissões. Para um relato detalhado das atividades científicas da FGV até abril de 1946, ver Memorial ao Excelentíssimo Senhor General Eurico Gaspar Dutra, Digníssimo Presidente da República, de 15 de abril de 1946, de autoria de Simões Lopes, constante no *Relatório anual da FGV* de 1946. Segundo o relatório, 59 cientistas e técnicos pediram demissão em meados desse ano.

[6] O Decreto-Lei nº 9.146, de 8 de abril de 1946, retirou a subvenção financeira da FGV prevista pelo Decreto-Lei nº 6.694, de 14 de julho de 1944. O Decreto-Lei nº 9.486, de 18 de julho de 1946, a restabeleceu. Ainda nesse ano, o Decreto-Lei nº 15.944, de 13 de junho, assinado pelo interventor em São Paulo, dispunha sobre isenção de impostos para a FGV no estado.

[7] O primeiro local de trabalho da Fundação Getulio Vargas foram os segundo, terceiro e quarto andares do prédio situado na rua da Candelária, nº 6, cedido pelo Ministério da Fazenda em 1944.

[8] Esses cursos foram a origem da Escola Técnica de Comércio, criada em 1949.

[9] Refere-se à antiga Faculdade de Ciências Econômicas e Administrativas do Rio de Janeiro, criada em 19 de dezembro de 1938 por iniciativa de um grupo do qual faziam parte Álvaro Porto Moitinho, Luís Dodsworth Martins e Eduardo Lopes Rodrigues, aos quais se associaram, entre outros, Eugênio Gudin e João Carlos Vital. Em 1944 a escola foi incorporada à Fundação Mauá. Sob a direção de Themístocles Cavalcanti, e por iniciativa de Eugênio Gudin, teve seu currículo alterado por decreto em setembro de 1945 e foi incorporada à Universidade do Brasil em janeiro de 1946, passando a se chamar Faculdade Nacional de Ciências Econômicas (FNCE). Na época de sua incorporação à UB, a FNCE foi amparada pela Fundação Getulio Vargas, que lhe cedeu suas instalações. Nos anos 60, a FNCE transformou-se na Faculdade de Economia e Administração (FEA) da UFRJ, que hoje está desmembrada em Faculdade de Administração e Ciências Contábeis e Instituto de Economia. Ver *Octavio Gouvêa de Bulhões: depoimento* (Brasília: Banco Central/ FGV-CPDOC, 1990).

[10] Refere-se à Escola de Pós-Graduação em Economia-EPGE, criada em 1966.

[11] A escolas de administração da FGV se beneficiaram de dois programas de ajuda do governo norte-americano para a América Latina: o Ponto IV e a United States Agency for International Development (Usaid).

[12] Esse seminário foi realizado em agosto de 1952 em colaboração com o Instituto de Organização Racional do Trabalho (Idort), fundado em 1931. Compareceram representantes do presidente da República, do governo de São Paulo, autoridades locais, empresários de vários setores e representantes de instituições educacionais. Antes desse encontro, foi realizado um painel de debates no Rio, em 30 de maio de 1952, sob a presidência de Simões Lopes, com a presença de empresários e representantes do governo, durante o qual se apoiou a idéia de criação de uma escola de administração de empresas em São Paulo. Arquivos da FGV.

[13] O curso de administração pública da EAESP foi criado, mediante convênio entre a FGV, o governo estadual e a prefeitura de São Paulo, em 12 de setembro de 1968. Ver *Relatório anual da FGV* de 1968.

[14] Essa opinião do dr. Simões Lopes não é partilhada pelos professores de São Paulo, que julgam ser a graduação o principal instrumento para aferir prestígio acadêmico e visibilidade social à Fundação Getulio Vargas em São Paulo e no Brasil.

Edifício-sede da Fundação Getulio Vargas. Rio de Janeiro, 2006.

RELAÇÃO DE DOCUMENTOS

Página			
6	Acervo Família Simões Lopes	78	CPDOC / LSL dpf 1891.12.08 I26 e GV foto 121/2
14	Detalhe de foto. Ver p.135	90	CPDOC / LSL c/c Nabuco, M.
25	CPDOC / LSL foto 301/1	93	CPDOC / GC b Lopes, L.
26	Acervo Família Simões Lopes	95	CPDOC / LSL foto 060/1
28	CPDOC / LSL foto 035	96	CPDOC / LSL dpf 1891.12.08 I 35
29	CPDOC / LSL foto 020	98	CPDOC / LSL foto 715/9
32	CPDOC / LSL foto 281	105	CPDOC / LSL foto 068
33	CPDOC / LSL foto 021	106	CPDOC / LSL foto 073
38	Acervo Família Simões Lopes	109	CPDOC / GC foto 715/10
39	Acervo Família Simões Lopes	112	CPDOC / LSL foto 078/5
40	CPDOC/LSL pi Lopes, I.S. 1907.03.00/2	114	CPDOC / LSL foto 080
		115	CPDOC / LF foto 073
41	Acervo Família Simões Lopes	116	CPDOC / LSL foto 062
43	idem p. 40	123	FGV / Arquivo Central (010)
49	CPDOC/ LSL foto 030	125	FGV / Arquivo Central
50	CPDOC / LSL dpf 1891.12.08 I12 e LSL foto 028	128	FGV / Arquivo Central (05112)
		131	FGV / Arquivo Central (1 e 410)
52	CPDOC / LSL foto 036	133	FGV / Arquivo Central
56	CPDOC / LSL apu 1958	135	CPDOC / EUG foto 060/2
57	CPDOC / LSL (R 1288-2)	136	FGV / Arquivo Central (epge - 1974)
59	CPDOC / LSL foto 039 e LSL dpf 1891.12.08 III 39	138	FGV / Arquivo Central (520)
63	CPDOC / LSL foto 044/12	139	FGV / Arquivo Central (0511b)
67	CPDOC / LSL (92Lopes/L864d)	141	FGV / Arquivo Central (g 122212/ 8949)
71	CPDOC / LSL foto 019/3		
73	CPDOC / GV foto 005/1	143	CPDOC / LSL foto 240
75	CPDOC / LSL foto 046/1	146	CPDOC / Foto Gilson Antunes
76	CPDOC / LSL dpf 1891.12.08 I 15	147	CPDOC / Foto Gilson Antunes